D1750510

Erwin Schleich

Die zweite Zerstörung Münchens

Im traditionsreichen Münchener Ausstellungspark wird am 11. 12. 1971 der charakteristische Turm gesprengt, um einem Hallenneubau Platz zu machen.

Erwin Schleich
Die zweite Zerstörung Münchens

Bilder von Eva Dietrich

Historische Aufnahmen
aus dem Stadtarchiv München
und von vielen anderen

J. F. Steinkopf Verlag

Neue Schriftenreihe des Stadtarchivs München Band 100

Vorwort zur zweiten Auflage

Nach nur einem Jahr war das Buch über „Die zweite Zerstörung Münchens" vergriffen. Es wurde in Rundfunk, Fernsehen, in Tageszeitungen und Fachzeitschriften kommentiert und kritisiert.

Überraschend war insgesamt das breite Verständnis, das die Absicht des Buches gefunden hat, daß in vielen Städten gleiche Entwicklungen bemerkt wurden, und daß bereits ein ähnliches Buch über Frankfurt erscheinen konnte und in wenigen Wochen vergriffen war, daß weitere über Karlsruhe, Darmstadt, Würzburg, Mannheim, Köln und andere Städte in Vorbereitung sind und insgesamt der Begriff der „Zweiten Zerstörung", also der Zerstörung in unseren Städten nach dem 2. Weltkrieg, ihr Gesichtsverlust, ihr Gestaltwandel zur Häßlichkeit, im öffentlichen Bewußtsein ausgebreitet ist.

Die Vielzahl zustimmender Kritiken macht dies deutlich. Natürlich war auch Ablehnung zu erwarten.

Quintessenz ist wohl, daß niemand das Phänomen der zweiten Zerstörung negieren will, daß nur die Einschätzung unterschiedlich ist, je nachdem, wer den Wiederaufbau nach dem Krieg nur oder doch wenigstens überwiegend positiv sehen will.

Oder wer offen ist für Anliegen, Warnung und Anstoß, die das Buch zum Inhalt hat.

Interessant ist, daß auch im Spiegel der Kritiken die gegenseitigen Positionen deutlich werden, die in den vergangenen Jahrzehnten die öffentliche Meinung gespalten haben. Die für den Fortschritt Engagierten, deren Publizistik viel zur Entwicklung der Vergangenheit beigetragen hat, und die, die sich offenen Blick bewahrt haben und nicht übersehen, was sich allerdings oftmals nicht übersehbar ins Gesichtsfeld drängt.

Wiederholt wurde bemängelt, daß das Buch zu einseitig sei, daß nicht auch geglückte Neubauten gezeigt werden, obwohl ich deutlich genug geschrieben habe, warum dies nicht Thema sein konnte. Abgesehen davon bringt das Buch nicht Architekturkritik, und jeder Versuch, neue Bauten in „gute" und „schlechte" einzuteilen, hätte fehlgehen müssen und mit dem Thema des Buches nichts zu tun. Um es noch einmal deutlich zu machen: Über jede einzelne bauliche Maßnahme, ob Abbruch, Neubau oder Veränderung, mag jeder urteilen wie er will. Aber zu zeigen war, welche ungeheuerliche Quantität die wesentlichen Verluste zusammen genommen erreicht haben und ausmachen, und daß München keine Verluste mehr hinnehmen darf, wenn es in Zukunft sein unzerstörbares gewonnenes aber durch schwere Narben entstelltes Gesicht bewahren und hoffentlich sogar verbessern will.

Die jüngste Entwicklung z. B. am Forum der Maximilianstraße läßt keinen Optimismus aufkommen. Schon wieder scheint der Justamentstandpunkt stärker zu sein als der ehrliche Wille zur besseren Einsicht.

Das Kapitel über die Maximilianstraße und auch anderes müßte deshalb bereits umgeschrieben werden.

Doch nie soll man den Mut verlieren, insbesondere nicht, wenn man sich für München einsetzt!

Erwin Schleich

CIP-Kurztitelaufnahme der Deutschen Bibliothek

Schleich, Erwin:
Die zweite Zerstörung Münchens / Erwin Schleich. Bilder von Eva Dietrich. Histor. Aufnahmen aus dem Stadtarchiv München und von vielen anderen. – 2. Aufl. – Stuttgart: Steinkopf, 1981.
   (Neue Schriftenreihe des Stadtarchivs München; Bd. 100)
   ISBN 3–7984–0530–1
   NE: Dietrich, Eva; Stadtarchiv ‹München›: Neue Schriftenreihe des ...

Auflage:	5	4	3	2
Jahr:	87	85	83	81

Neue Ausgabe 1981
Umschlag: Hans Hug, Stuttgart.
Reproduktionen: Erwin Fleischmann, Stuttgart.
Satz und Druck: Röhm KG, Sindelfingen.
Alle Rechte vorbehalten.
© J. F. Steinkopf Verlag GmbH, Stuttgart 1978.

Vorwort

»Die zweite Zerstörung Münchens« – so provozierend dieser Titel klingen mag, so gewichtig belegen ihn die in diesem Buch zusammengestellten Dokumente Münchner Baugeschichte. Ein Kenner der Materie hat sie gesammelt, aufbereitet, beschrieben und kommentiert; einer, der weiß, wovon er spricht und wofür er sich unermüdlich engagiert. Man mag zögern, eine »zweite« Zerstörung unserer Stadt schon als gegeben hinzunehmen, wenn man die Bilder des zerbombten München mit der Fußgängerzone von heute vergleicht oder mit vielen geglückten Ensembles in der Innenstadt ebenso wie in den äußeren Stadtbezirken. Man mag auch an den unzerstörbaren genius loci Münchens glauben. Man mag schließlich da und dort anderer Meinung als der Autor sein über den Wert des Alten und die Gestaltung des Neuen. Verschließen kann und darf man sich der Warnung nicht, daß unsere Stadt allzuleicht ihr unverwechselbares Gesicht verlieren könnte und daß es bedrohliche Entwicklungen dahin zur Genüge gab und gibt. So gesehen ist das Buch von Erwin Schleich nicht nur eine Abrechnung mit der jüngsten Vergangenheit Münchens und nicht nur ein Sündenkatalog. Es ist ein beredter Appell an die Verantwortlichen, in der gegenwärtigen und künftigen Entwicklung der baulichen Gestalt unserer Stadt Partei für München zu ergreifen und es sich schwer zu machen bei den Entscheidungen, die zur Veränderung dieser Gestalt und zu ihrer Bewahrung fallen. Die selbstzufriedene Gewißheit, derlei könne in einer Zeit des geschärften Bewußtseins für bauliche Werte nicht mehr geschehen, ist dabei ebenso wenig am Platz wie Resignation angesichts des bereits Geschehenen. Was Erwin Schleich aufzeigt, sind viele Beispiele der Zerstörung wertvoller, ja unersetzlicher Bausubstanz – aber letztlich ist dieses Buch doch auch Beleg dafür, daß München noch nicht zerstört ist und daß es Mittel und Wege gibt, eine solche Zerstörung in der Zukunft zu verhindern. In diesem Sinne sollte »die zweite Zerstörung Münchens« zum Denken und zum Handeln provozieren.

Erich Kiesl
Oberbürgermeister

Die erste Zerstörung Münchens im Zweiten Weltkrieg hat zu unterschiedlichsten Variationen der Bewältigung dieser säkularen Vernichtung geführt. Gerade die hier im Bild gezeigte Situation des zerstörten Alten Rathauses zwischen Peterskirche und Hl.-Geist-Kirche hat nach dem Krieg zum ersten großen städtebaulichen Wettbewerb Anstoß gegeben, wobei die Mehrheit aller Beteiligten und der Öffentlichkeit zunächst für ein »Luft schaffen«, für ein Ausnützen der Gewinne aus der Zerstörung eingetreten ist. Die Aufweitungsabsichten hatten sich zunächst in Grenzen gehalten, der Saalbau des Alten Rathauses wurde durch den mutigen Einsatz des damaligen Stadtbaurats H. Leitenstorfer nicht nur gerettet, sondern wiederhergestellt. Nach dreißig Jahren ist auch der Alte Rathausturm neu errichtet worden. Alle Tendenzen, die Innenstädte einem großzügigen Verkehrsbedürfnis zu opfern, sind gegenstandslos geworden.
Damit ist ein Rahmen abgesteckt für Anlaß und Thema dieses Buches.

EINFÜHRUNG

Der Titel dieses Buches war zunächst Arbeitstitel, geplant vor 15 Jahren und bis heute noch nicht zu Ende geschrieben, da die Zerstörung keinen Abschluß findet!
Warum konnte der Titel so stehen bleiben?
Weil die erste Zerstörung im 2. Weltkrieg, die ein furchtbares Kapitel in der Stadtgeschichte Münchens war, abgeschlossen ist und hoffentlich nie eine Fortsetzung finden wird.
Die erste Zerstörung begann mit dem Auftakt im Dritten Reich, als das durch die Jahrhunderte gewachsene Stadtbild der weltberühmten Kunstmetropole an der Isar den Ansprüchen der »Hauptstadt der Bewegung« nicht mehr genügen konnte. So wurde begonnen, mit der Penetranz aller Dilettanten und Parvenüs, gerade die schönsten Bereiche der Stadt, Königsplatz, Ludwigstraße zu verbessern, Machtanspruch zu demonstrieren, wo ausgewogene Bürgerlichkeit glücklich verband.
Die beginnende Zerstörung durch herostratische Abbrüche wurde fortgesetzt im Inferno des Krieges. Halb München lag in Trümmern und ist wie ein Phönix aus der Asche auferstanden – war die Zerstörung überwunden? Leider nein!
Die Zweite begann gleich nach dem Krieg und ihre Opfer sind im Ergebnis noch schwerer als selbst die des Krieges, da der Krieg vielfach zwar Ruinen hinterlassen hatte, aber doch damit noch den Abglanz und die Erinnerung an früher.
Warum dann München doch ein hohes Maß an alter und neuer Schönheit zurückgewonnen hat?
Nicht, weil der Wiederaufbau so glücklich und mit sorgender Hand betrieben worden wäre, sondern weil sich erwiesen hat, daß München – ein Phänomen seiner Lebens- und Ausstrahlungskraft – trotz engagierter Bemühung eben nicht völlig zu ruinieren ist.

Die zweite Zerstörung hat ihre Abschnitte. Es begann mit der Enttrümmerung, der Schutträumung, der nicht nur Schutt, sondern die wiederaufbaubaren Ruinen wertvollster Münchner Baudenkmäler zum Opfer fielen. Der Ungeist forderte, zum Glück vergeblich, noch mehr:
Alte Pinakothek, Peterskirche, Alte Akademie, das Forum der Maximilianstraße, Armeemuseum – die Liste kann verlängert werden.
Die zweite Zerstörung kulminierte im sogenannten „Stadtumbau" der sechziger Jahre. Er wurde nicht konzipiert zur Bereicherung, zur Verschönerung der Stadt, sondern um diese bis dahin so freundliche, menschengerechte Stadt autogerecht zu machen:

Der Jensenplan – der Stadtentwicklungsplan von 1963

Ergebnisse: Maßlose Straßenschneisen, monströse Verkehrsbauwerke, Flächenabbrüche – Altstadtring Nord-Ost, Prinz-Karl-Palais-Tunnel, Isarparallele West an der Bogenhauser Brücke, vieles irreparabel fertig, vieles angefangen, häßliches Bruchstück geblieben.
Ein vehementes Erwachen in einer breiten Öffentlichkeit stoppte den Vormarsch der Technokraten: Bürgerinitiativen, Proteste, Pressekampagnen und auch – Erkenntnis bei den Verantwortlichen!
Der Plan von Jensen, dem beauftragten Stadtplaner, der den »Stadtumbau« der sechziger Jahre zu planen hatte, mußte, obwohl für 30 Jahre gedacht, in die Schubladen zurück. Trotzdem hatte der Stadtrat Herrn Prof. Jensen eine Gedenktafel am Karlstor, dessen Abbruch auch erwogen war, gewidmet.

Ist die Zerstörung nun gestoppt? Ist sie weitere Bedrohung oder wird sie fortgesetzt nur mit anderen Mitteln?

Der Abschnitt Zerstörung durch Bedenkenlosigkeit, durch Vorsatz, durch Skrupellosigkeit ist Dauerzustand. Modern sein hin, Nostalgie her. Auch in München profitiert man gern von der Schönheit der Stadt, vom Wohn- und Freizeitwert – auf Kosten der Anderen.

Aber ein eigener Beitrag dazu?

Nein?

Oder doch?

Doch, es gibt in München auch die Anderen, hat sie in München immer gegeben, wird sie immer geben, sonst wäre München nicht immer noch so, wie es ist!

Aber zu fragen ist:

Ist München nicht umzubringen?

Was München heute noch hat?

1958, zur 800-Jahr-Feier der Stadt München wurden 100 Bauwerke von historischem und baukünstlerischem Rang durch Tafeln gekennzeichnet. Sie wurden »ausgewählt«, wie es in dem dazu erschienenen Führer heißt.

Die Auswahl war ziemlich umfassend, denn recht viel mehr hat München heute nicht mehr!

Das »Deutsche Rom«, »Isar-Athen«, die »Kunststadt München« hat wirklich nicht viel mehr als 100 bedeutende Bauten von historischem oder baukünstlerischem Rang!

Rom hat ca. 400 Kirchen, ebenso viele Paläste, ungezählte antike Denkmäler. Rom hat ca. 2,5 Millionen Einwohner, München hat ca. 1,2 Millionen Einwohner ...

Titelblatt des seinerzeit herausgegebenen Stadtführers zu den 100 Bauwerken, die durch Schilder gekennzeichnet wurden.

Vergleicht man andere »Weltstädte der Kunst« mit München, was die Anzahl ihrer Bauten von historischem oder baukünstlerischem Rang betrifft – Paris – London – Prag – Wien – Florenz – Mailand – Leningrad – Warschau – fällt der Vergleich immer gleich schlecht aus.

Nun, München wurde im 2. Weltkrieg schwer zerstört, aber auch Mailand, Leningrad, Warschau wurden schwer getroffen.

Aber kaum eine Stadt hat nach der Zerstörung soviel Substanz verloren wie München.

Was also München heute hat? Eben nicht viel mehr als die 100 Bauten, den Olympiapark, die Fußgängerzone, die U-Bahn, die S-Bahn, die Atmosphäre der Weltstadt mit Herz, viel Fluidum, das viele immer noch glauben läßt, München könne sich noch einige Verluste mehr leisten.

»Denn man kann doch nicht alles erhalten.« – »Auf das Eine kommt es doch nicht an.« – »Es wurde doch zu allen Zeiten Altes durch Neues ersetzt« ... und wie die Sprüche alle heißen, die je nach Temperament brutal oder pseudowissenschaftlich garniert verzapft werden. Geblieben sind nicht mehr als 100 wertvolle Bauten in der Millionenstadt.

Die offizielle Denkmalliste sieht anders aus:
Einige tausend Nummern enthält sie. Aber über die 100 Bauwerke hinaus fast nur die Masse der Wohnbauten des 19. und frühen 20. Jahrhunderts. Geschützt ist alles! Doch die Gefahr bleibt groß.

Wie groß bleibt die Gefahr, denn was alles ist München, was alles wird München? Der Katalog der Schlagworte ist aufschlußreich und kann verlängert werden:

München, die Kunststadt (historischer Begriff)

München, die Olympiastadt (Tatsache)

München, in aller Munde (immer wieder)

München, in aller Welt (Werbung)

München leuchtet (frei nach Thomas Mann)

München leuchtet wieder (allgemeine Meinung)

München leuchtet wieder ein wenig (Hans Heigert, 1972)

München, heimliche Hauptstadt (Illustrierte »Stern«)

München, Weltstadt mit Herz (Werbeslogan)

München, Allerweltstadt (Befürchtung)

München, Herz in der Region (Belastung)

München, die größte Industriestadt der Bundesrepublik

München, die Universitätsstadt mit der größten Universität der Bundesrepublik

München, die Fremdenverkehrsstadt

München, die Stadt mit dem größten Freizeitwert

München war auch einmal die »Hauptstadt der Bewegung«.

Betrachten wir Werdegang und Phasen der Zerstörung:

Der Auftakt im Dritten Reich
Die 1. Zerstörung
Die 2. Zerstörung

München wird schöner (stand jahrelang auf Bautafeln)

München wird moderner (ebenso, aber im krassen Gegensatz dazu)

DER AUFTAKT IM DRITTEN REICH

Der *Königsplatz* vor 1933 – einstmals ein klassizistischer Platz von vollendeter Schönheit, Wirklichkeit gewordener Traum König Ludwigs I. vom klassischen Griechenland in München, Perle der Schönheit im »Isar-Athen« – war nicht mehr monumental genug. Auch der Name störte. Er wurde umbenannt in »Königlicher Platz«.

Es war ein dringendes Bedürfnis, ihn zu verbessern, ihn »steinern« zu machen, nachzuholen, was Ludwig I. und Klenze so offenkundig nicht begriffen hatten.

Der »Königliche Platz« ... »Plattensee« im Volksmund. Als bräunliche Granitwüste, mit einigen ausgeflickten Bombenlöchern, ist er so erhalten bis heute.

Nach dem Entscheid vom 14. 7. 1978 des Stadtrats soll der Platz nach dem Vorschlag der Obersten Baubehörde begrünt und sein ursprünglicher Charakter rekonstruiert werden.

Die beiden Palais an der Ostseite des Königsplatzes, an der Kreuzung Brienner- und Arcisstraße.
Erbaut von Karl von Fischer wie alle großen Villen, die er im Sinne Palladios am Karolinenplatz errichtet hatte. Abgebrochen von den Nazis, um Platz zu bekommen für die »Ehrentempel«, die P. L. Troost errichtete.
Die Zerstörung stand am Anfang der brutalen Eingriffe in das künstlerisch vollendete Bild der Stadt. Nach Kriegsende wurde die Vergangenheit bewältigt: Die erhalten gebliebenen »Ehrentempel« wurden gesprengt (historische Aufnahme von Bergmann). Geblieben sind die Sockel der »Ehrentempel«. Am Nördlichen begann man 1947 mit Verschönerungen aus Naturstein. Was man damals gewollt hat, bleibt wohl besser Geheimnis der Archive.
Nur eines scheint tabu zu sein, die ebenso schlichten wie noblen Palais wiederzuerrichten und damit die rechte Ordnung wieder herzustellen.

Die Matthäuskirche in der Sonnenstraße

Sie wurde 1833 errichtet unter König Ludwig I. von J. N. Pertsch als erste protestantische Kirche Bayerns, u. a. auch ein Denkmal für den liberalen, toleranten, großen Sinn des Königs, der sein Land für alle seine Landeskinder einrichten wollte, auch für seine protestantischen Franken.

Die Turmfront aus den Anlagen der Sonnenstraße.
Ein klassizistischer Kirchenbau von hohem Rang, der zwar nicht volkstümlich wurde, aber wie die Bilder erweisen, einfach, edel, schön und unverwechselbar gewesen ist.
Er wurde 1938 zerstört auf Befehl des betrunkenen Gauleiters Adolf Wagner, der München auch schöner und seinem Führer eine Freude machen und außerdem mit den Münchner Kirchen aufräumen wollte!

Der Innenraum, würdevoll und prägnant wie das Äußere.

Eine historische Aufnahme: Die Sprengung der Matthäuskirche sollte Auftakt sein für die Zerstörung weiterer Kulturbauten, so zum Beispiel der Heilig-Geist-Kirche im Tal, die den Planungen für die »Hauptstadt der Bewegung« im Wege standen. Die herostratische Tat sollte Symbolcharakter bekommen für die Spreng- und Brandwolken, die im 2. Weltkrieg die Zerstörung der Stadt markierten.

Der Sprengschutt ist abgeräumt. Schöner und besser geworden ist seither nichts in dieser Gegend. Das abgeräumte Rondell in der Sonnenstraße.

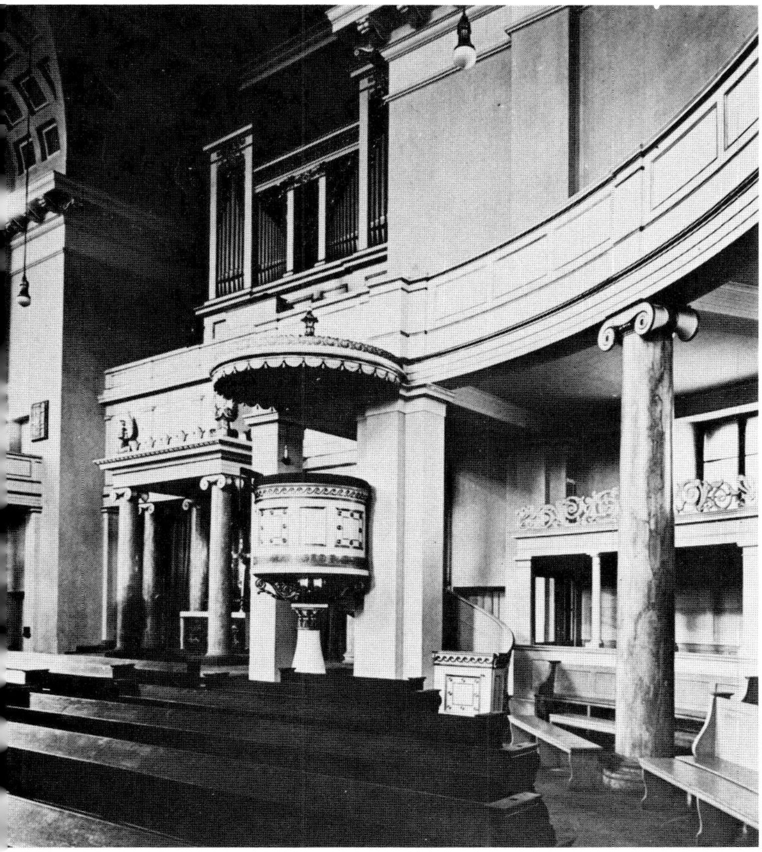

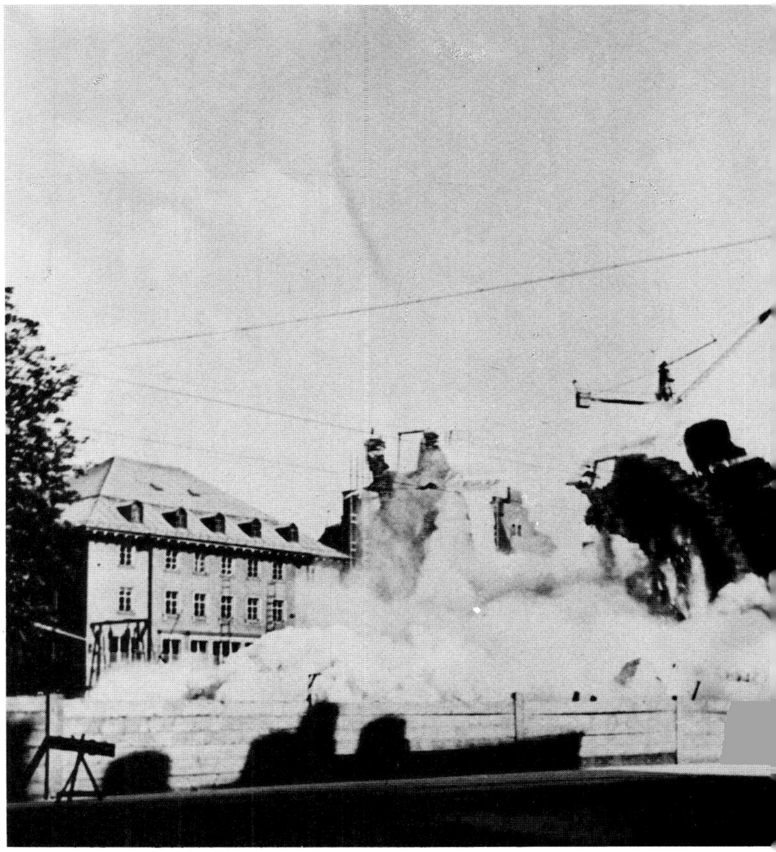

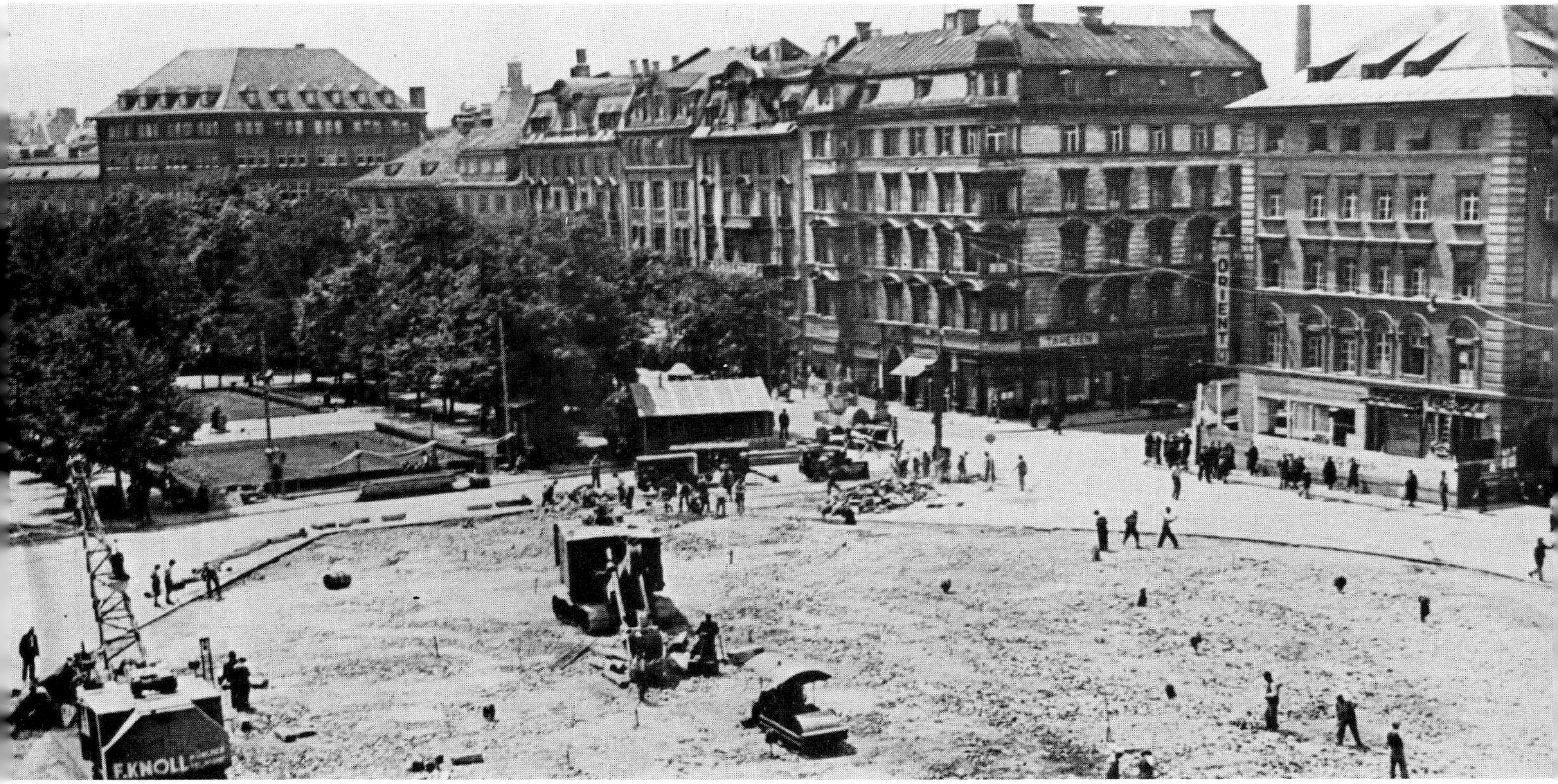
ORIENT
TAPETEN
F. KNOLL

Haus Karlstraße 44

Wie so viele wertvolle Bauten in der Umgebung des Königsplatzes wurde auch dieses klassizistische Haus vernichtet, das wegen seiner besonderen Schönheit, seiner Ausgewogenheit und seines geradezu klassischen Dekors wert gewesen wäre, in jeder Kunstgeschichte abgebildet zu werden. Der Architekt des Hauses ist unbekannt.

Mindestens die Forschung sollte sich weitaus intensiver dieser wertvollen Bauperiode annehmen, von der so vieles vernichtet wurde.

Studio Elvira

Hof-Atelier Elvira 1896/97, Von-der-Tann-Straße 15, das Hauptwerk August Endells, des bedeutendsten Vertreters des floralen Jugendstils in München.

Solche »Entartung« mußte verschwinden und verschwand alsbald. Die Fassade wurde 1934 oder 1935 »abgekratzt« – »vereinfacht« oder bereinigt, hätte man nach dem Krieg gesagt.

Trotzdem war im Neuverputz die alte Form noch erkennbar. Die Bomben erledigten den Rest.

15

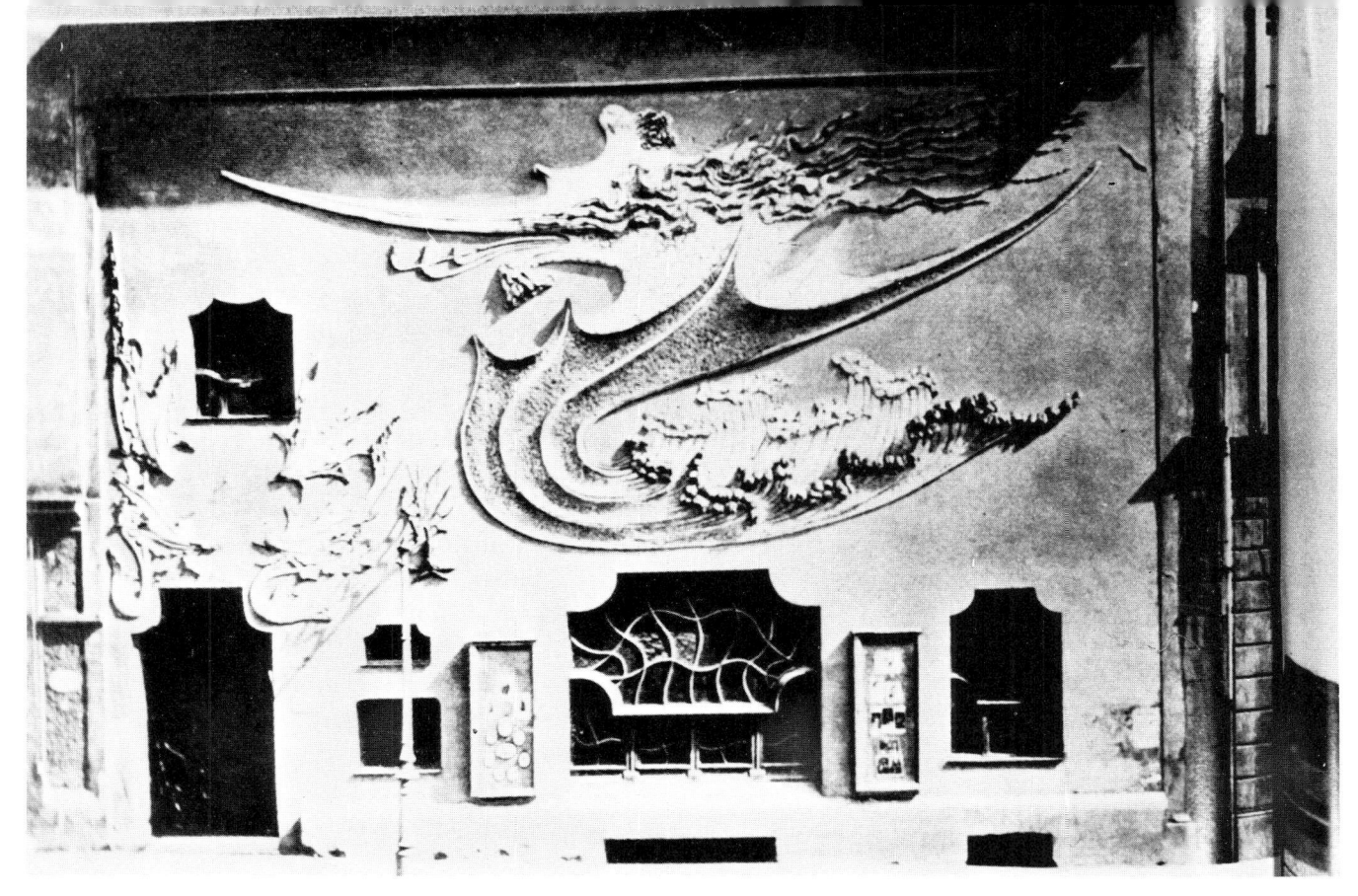

Die Synagoge an der Herzog-Max-Straße

In der berüchtigten »Reichskristallnacht« am 8. November 1938 wurden die Münchner Synagogen verbrannt. Die größte und schönste an der Herzog-Max-Straße 7, erbaut 1884–87 von Albert Schmidt, wurde bereits fünf Monate vorher, ab 9. Juni abgebrochen. Sie war in jeder Beziehung eine architektonische Meisterleistung. Der Bau war aufs Behutsamste in das Münchner Stadtbild hineinkomponiert.

Gabriel von Seidl hat später beim Bau des Künstlerhauses wiederum Bezug darauf genommen, so daß insgesamt ein Städtebild von außerordentlichem Reiz entstanden war.

Der Innenraum der Synagoge war von feierlicher Würde mit der besonders schönen Treppenanlage im Chor.

Der Auftakt zur Zerstörung war zum Fanal geworden.

Die Synagoge an der Herzog-Max-Straße. Die Gerüste zum Abbruch werden aufgebaut.

DIE ERSTE ZERSTÖRUNG IM ZWEITEN WELTKRIEG

Die erste Zerstörung durch Bomben und Feuer war über die Stadt hinweggerast. Zwei Aufnahmen von dokumentarischem Rang von K. Bergmann, aufgenommen vom südlichen Frauenturm, ein Bombenteppich auf die Maximilianstraße, ein Einschlag in die schon ausgebrannte Herzog-Max-Burg (1944).

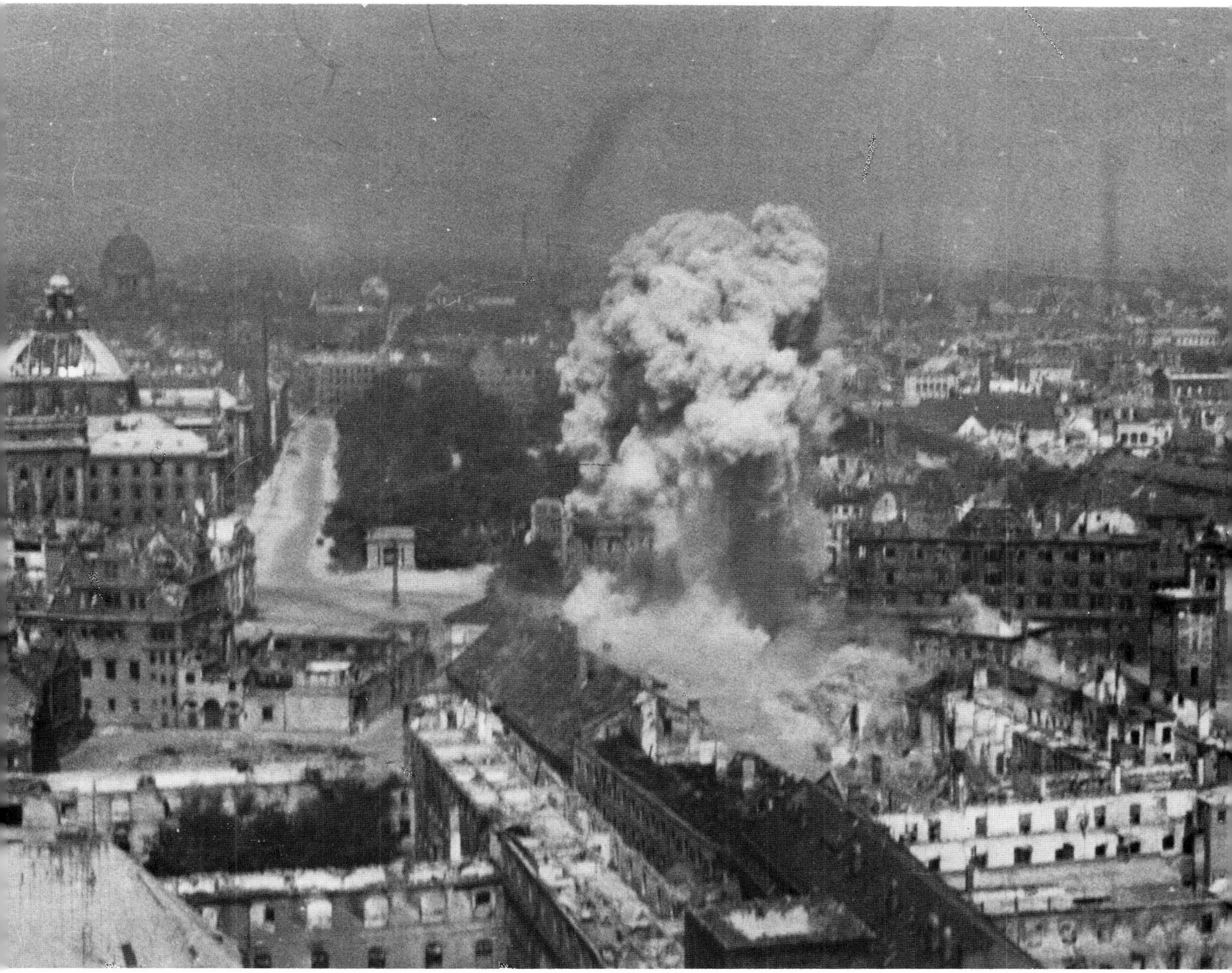

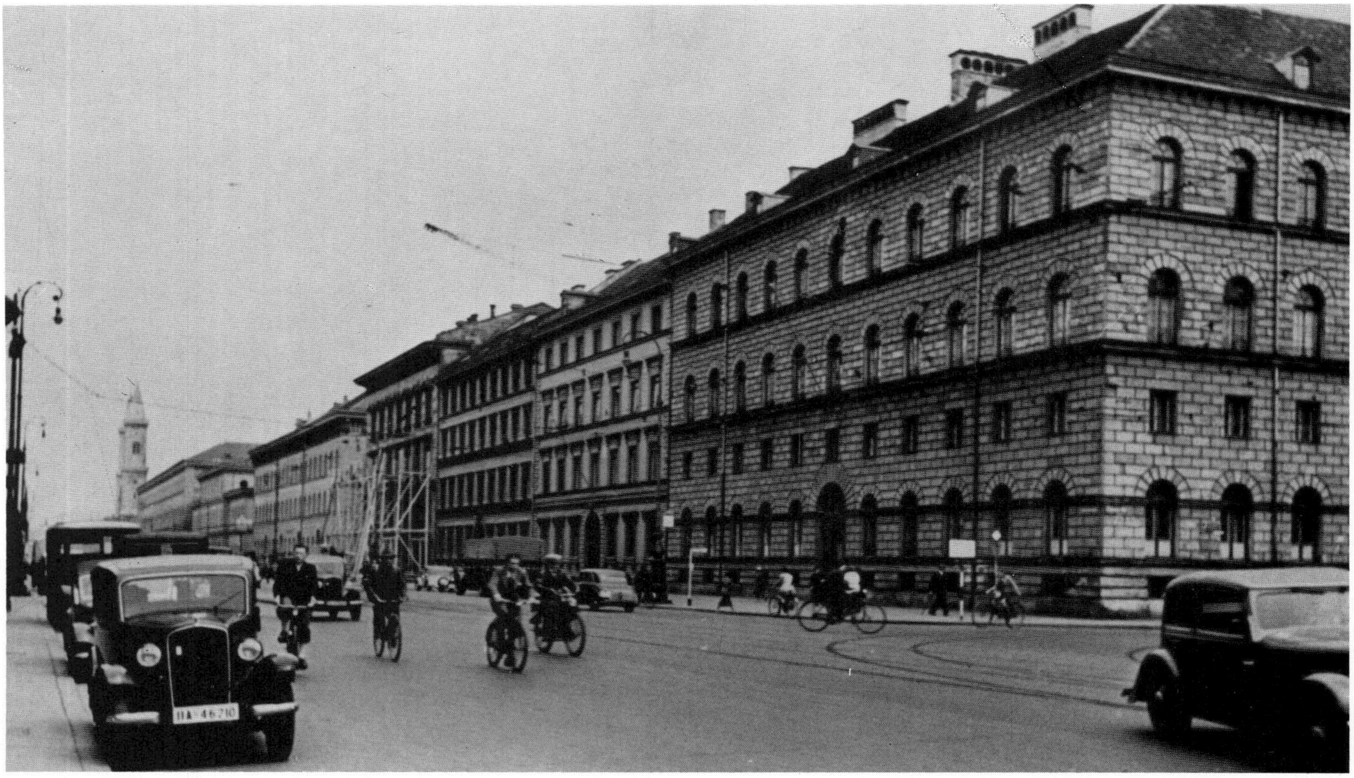

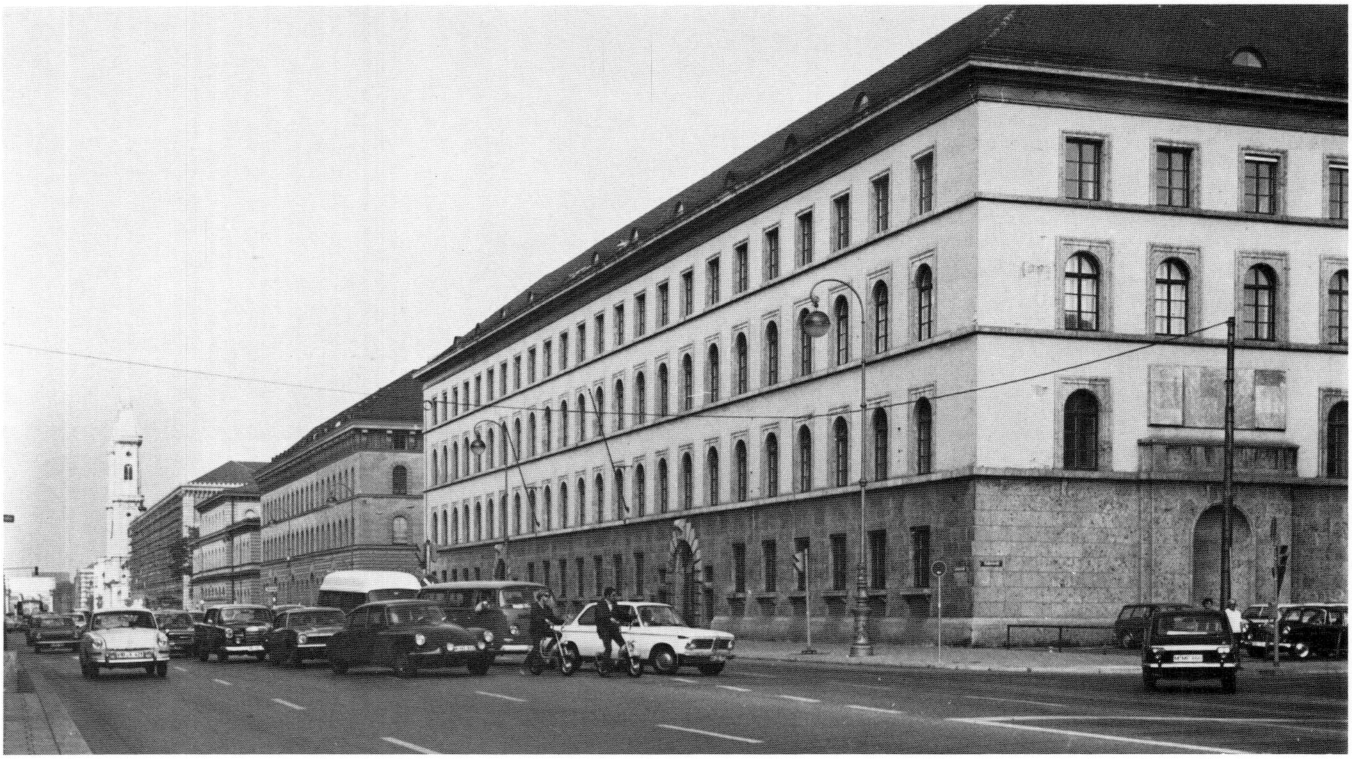

VON DER ERSTEN ZUR ZWEITEN ZERSTÖRUNG

In der Ludwigstraße

Konnte Ludwig I. wissen, was eine Monumentalstraße ist? Adolf Hitler wußte es besser. Die Paläste zwischen Galerie- und Von-der-Tann-Straße konnten nicht genügen.

Vier noble Bauten im Charakter der florentinischen Renaissance sowie die gegenüberliegenden sieben der Westseite bestimmten den Auftakt der Ludwigstraße nach dem Odeonsplatz, entstanden aus dem Wunsch des Königs, die schönsten Bauwerke aus Florenz seiner Residenzstadt einzufügen. Erst im Weiterbau nach Norden gewann die Straße den monumentalen Charakter durch die Bauten mit ganz anderer Zweckbestimmung: keine Wohnpaläste mehr, sondern Prachtbauten, unter anderem für das Blindeninstitut, das Kriegsministerium, das Realgymnasium, die Salinenverwaltung, die Universität und die Staatsbibliothek, dazu die Ludwigskirche, das Georgianum und das Max-Joseph-Stift.

Eine meisterhafte Überleitung bilden zwischen den Bereichen die noch aus Einzelhäusern, aber zu einheitlichen Fronten zusammengefügten Häuserblöcke und das Herzog-Max-Palais.

Adolf Hitler wollte den ihm zu wenig monumental geratenen südlichen Teil der Ludwigstraße korrigieren, ihn mit hypertrophen und doch so spießbürgerlich ängstlichen Klötzen anreichern.

Der Auftakt war das »Zentralministerium« (heutiges Landwirtschaftsministerium) von Gablonsky, das anstelle der vier Paläste den Glanz des »Dritten Reiches« in die Ludwigstraße bringen sollte.

Es wurde als eines der ersten Gebäude Münchens im Krieg schwer getroffen: Eine Luftmine zerstörte den südlichen Innenhof (der Gauleiter soll geweint haben!).

Aber merkwürdig: Hier wurde sehr bald nach dem Krieg liebevoll rekonstruiert. Man mußte also wissen – es ging auch so! Ebenso übrigens wurde auch verfahren mit dem »Haus des Deutschen Rechts«, von Oswald Bieber zwischen Max-Joseph-Stift und Siegestor 1936–39 errichtet. Schwer zerstört und vollständig wieder aufgebaut.

Herzog-Max-Palais

Zwischen Von-der-Tann-Straße und Rheinbergerstraße, wohl der schönste Adelspalast, den Leo v. Klenze 1827 für den kunstliebenden Vetter König Ludwigs errichtet hat.
1937 wurde er abgerissen. Was hier der Anreiz zur Zerstörung war? Ein Zeichen setzen der eigenen Macht! Zerstörung als politische Demonstration. Die neue »Reichsbank« sollte hier entstehen. Hauptstadt der Bewegung – Reich – Reichsbank, hier mußte sie sein!

Der monströs geplante Neubau wuchs nicht über das klotzige Erdgeschoß hinaus. Nach dem Krieg wurde »fertiggebaut« für die Landeszentralbank. Das Erdgeschoß wurde als Reliquie gepflegt, die Obergeschosse wirken ängstlich und doch so fatal nazistisch. Das Geschoß unter dem Hauptgesims, das in der Proportion die Harmonie der Ludwigstraße sprengt, mußte auch noch sein. Plastischer Schmuck von Wackerle und Schmiedeeisen retten nichts mehr.

Festsaal im Herzog-Max-Palais

Ein Bild, das eine Andeutung gibt von der vollendeten Schönheit der Innenräume, die noch harmonischer, noch ausgereifter waren als selbst die klassizistischen Festsäle der Residenz.

Es gibt aber auch eine Vorstellung, welche barbarische Überheblichkeit dazugehörte, all das zu zerstören.

Es ist kein Trost, daß einige der kostbaren Parkettböden ausgebaut und nach dem Krieg beim Weiterbau verwendet wurden.

24

DIE ZWEITE ZERSTÖRUNG

*In der Ludwigstraße –
Verkehrsausbau als „Stadtgestaltung"*

Südlich des Herzog-Max-Palais, getrennt durch die westliche Verlängerung der Von-der-Tann-Straße, folgte das Haus Ludwigstraße 7 als letztes der Reihe der sieben Häuser, die als Einheit auf das Feinste komponiert war. *Der Palast Nr. 7* war der kraftvollste als Auftakt und Überleitung zu den nach Norden folgenden monumentalen Komplexen. Wie durch Zufall waren nur die äußeren 3 Achsen zerstört, geradezu als Vorbereitung und bauliche Vorarbeit für den kommenden »Altstadtring«. Die Reste wurden abgerissen, die Kapitelle des schönen Portikus zunächst gerettet und in der TH eingelagert. Längst sind sie verschwunden.

Wenn schon der Altstadtring – hier Oskar-von-Miller-Ring – unvermeidlich gewesen ist, denn die Von-der-Tann-Straße war schon im Dritten Reich fürchterlich verbreitert worden, um als Aufmarschraum für den jährlich stattfindenden Festzug zum »Tag der deutschen Kunst« zu dienen und die, die ihn planten, hatten ohnehin im Dritten Reich gelernt, so hätte doch unter allen Umständen ein wenn auch um 3 oder 5 Achsen verschmälertes Haus in der Siebener-Reihe wieder entstehen müssen. Vielleicht ein »Cà del diavolo«, wie er von Palladio in Vicenza steht.

Statt dessen wurde das *Haus Nr. 6*, streng symmetrisch mit 7 Achsen entworfen, um 2 Achsen und einen überbreiten Endpfeiler verlängert. Daß das Portal nicht mehr in der Mitte ist, wen stört's?

Aber endlich wurden einmal die Chancen der Zerstörung genutzt, dem Verkehr wurde »Luft geschaffen« – angeblich. Die Ludwigstraße wurde brutal aufgerissen, der Ausblick nach Westen ist jammervoll. Die kleine Markuskirche ist als Point-de-vue im Maßstab völlig ungeeignet. Vielleicht wäre die unglückselige Schneise, die sich nicht etwa aus stadtbaukünstlerischen Überlegungen ergab, sondern die aus der Breite und der Anzahl der nötigen Fahrspuren zusammenaddiert wurde, weniger schlimm ausgefallen, hätte man hier wenigstens auf die Grundstruktur des ganzen Gebietes Rücksicht genommen. Diese Struktur in der Nachbarschaft der Ludwigstraße ist auf den rechten Winkel bezogen. Altstadtromantik hat hier nie stattgefunden. Erst unserer Zeit blieb es vorbehalten, diese nachzuvollziehen. Die Baulinie am Oskar-von-Miller-Ring ist hier geradezu provinziell geschlängelt und läßt nur eines deutlich in Erscheinung treten: Das absolute Mißverständnis über die Situation und möglicherweise die Meinung, ein »Ring« müsse identisch sein mit »krumm«.

Hin und wieder wurde von den Schöpfern des Altstadtringes der Vergleich mit dem Wiener Ring gewagt. Spätestens an diesem Ergebnis mußte deutlich werden, daß hierfür aber auch jede Voraussetzung fehlt. Die Allgemeinheit hat es zu büßen und das Münchner Stadtbild darunter zu leiden, daß nicht nur hier, sondern auch am ganzen bisher entstandenen Altstadtring erneut das unumstößliche Gesetz bestätigt wurde, daß der Anspruch allein die mangelnde Potenz noch lange nicht ersetzen kann.

Max-Joseph-Stift, Fassade an der Veterinärstraße.

Zerstörung und Ersatzbau am Universitätsforum. >

Am Universitätsforum – heute Kurt-Huber-Platz

Merkwürdiges hat sich auch am Universitätsforum – heute Geschwister-Scholl- und Kurt-Huber-Platz – getan. Das Max-Joseph-Stift, errichtet von Friedrich von Gärtner 1837–1840 als »Erziehungsinstitut für die Töchter aus höheren Ständen«, war, der Bildvergleich erweist es, nicht stärker zerstört als die Nazibauten »Zentralministerium« und »Haus des Deutschen Rechts«.

Gärtner war am Universitätsforum ein Meisterstück der Architektur und Stadtbaukunst gelungen. Der monumentalen Zweiflügelanlage der Universität an der Westseite stellte er an der Ostseite, getrennt durch die Veterinärstraße, zwei ausgewogene, aber in der Architektur- und Formensprache völlig verschiedene Bauten gegenüber, das Georgianum südlich, das Max-Joseph-Stift nördlich. Ein König und sein genialer Architekt konnten es sich leisten, auf perfekte Monumentalarchitektur zu verzichten.

Gerade in dieser Bescheidung liegt unter anderem die Einmaligkeit und bei aller Größe der Charme der Straße begründet. Im Max-Joseph-Stift bringt Gärtner zum einzigen Mal in der Ludwigstraße in den gekoppelten Fenstern Anklänge an die englische Gotik, die in seinem Werk wesentlicher Bestandteil ist und die »Maximiliansgotik« der nächsten Architektengeneration vorbereitet.

Nachdem man diesem Bau, vielleicht weil er in der Kunstkritik nicht mit drei Sternen bewertet wurde, nicht die gleiche Pietät entgegenbrachte wie den Nazibauten oder dem Erdgeschoß der Reichsbank, ersetzte man ihn durch einen historisierenden Abklatsch, für dessen Formen der nordöstliche Eckbau Pate stand. Ein maßstäblicher Zusammenklang ist trotzdem nicht gelungen, da er merkwüdigerweise mehr Bezüge zum Neoklassizismus der Nazibauten als zum Klassizismus Ludwigs I. hat. Zudem bestand keinerlei Notwendigkeit für die Änderung der

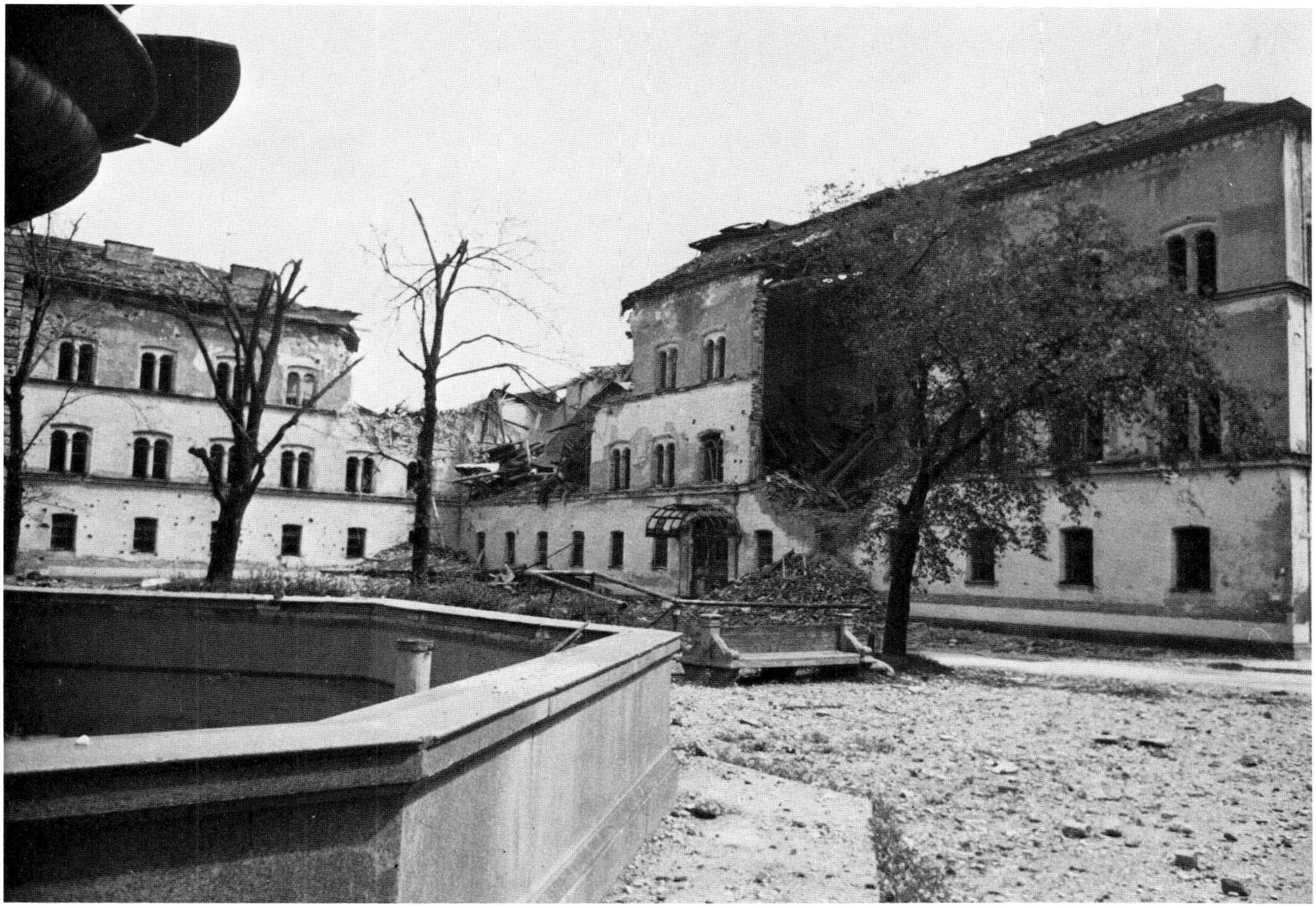

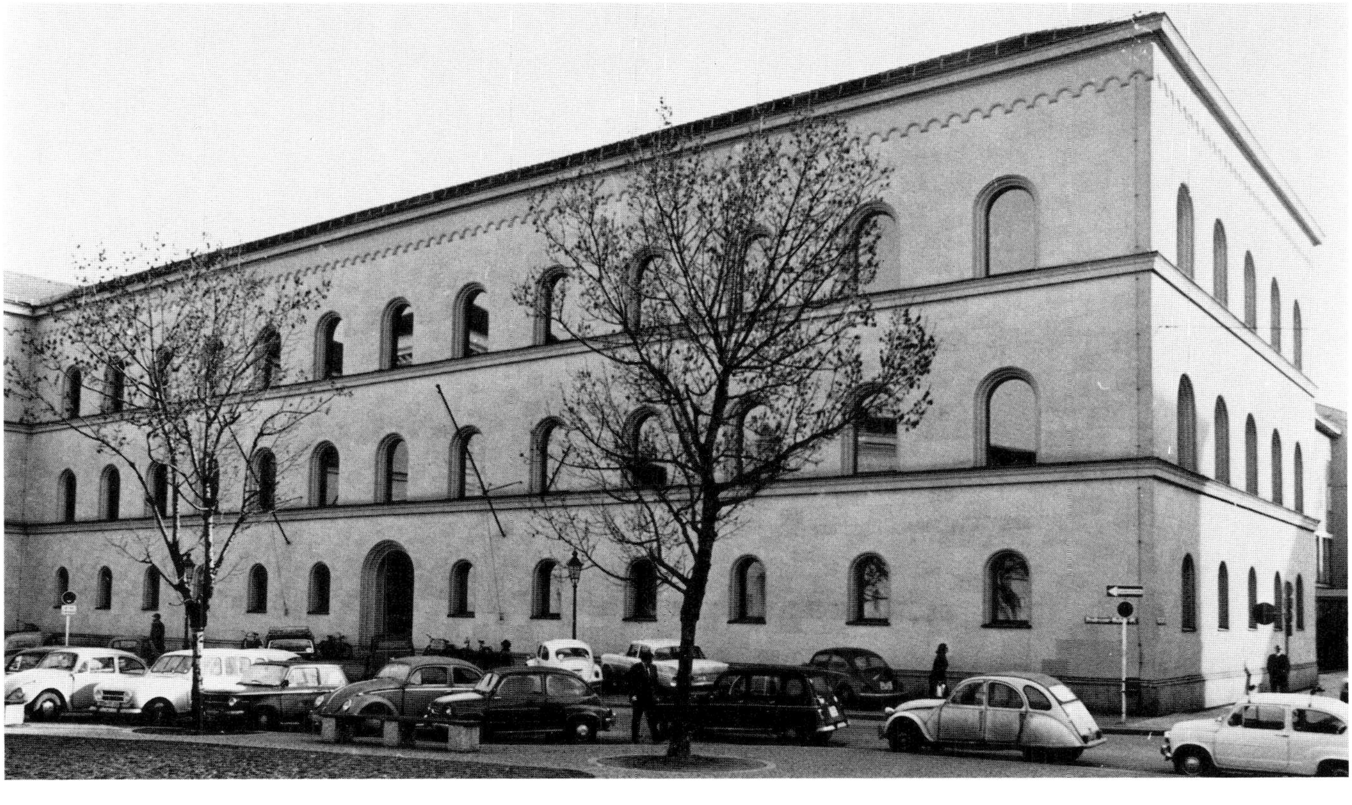

Max-Joseph-Stift: Eckpavillon heute

Fassaden, nachdem weder Achsen- noch Stockwerkszahl verändert wurden, noch die neue Nutzung als Universitätsbibliothek eine Begründung dafür hergegeben hätte.

Man sieht: Weder vor dem Krieg noch nach dem Krieg konnte es gelingen, die Schöpfung des Königs und seiner großen Architekten zu »verbessern«. Keine bewältigte, sondern eine vergewaltigte Vergangenheit.

Übrigens, die Fenster mußten das große Glas erhalten, denn sicher hätte doch auch Gärtner seine Fenster teilungslos gemacht, wenn es das große Glas schon gegeben hätte!? Wer kann es wissen?

Auch im Universitätsgebäude mußten wohl einem dringenden Bedürfnis entsprechend die Fenster erneuert werden, damit die Teilungen entfernt werden konnten, die bis dahin aus »Löchern« Fenster machten.

Im Gebäude des Universitätsbauamtes, dem ehemaligen Wohnhaus von Friedrich von Gärtner, das völlig zerstört war und im Äußeren ansonsten originalgetreu wiedererrichtet wurde, mußten ebenfalls die Fensterkreuze einscheibigen Fenstern weichen, offenbar ein unverzichtbarer Tribut an die neue Zeit (Abb. links unten).

Hätte Friedrich von Gärtner für seine Architektur nur so viel Verständnis gehabt wie seine Nachfolger im Universitätsbauamt!

Fassadenausschnitt der Universität mit den »erblindeten« Fenstern.

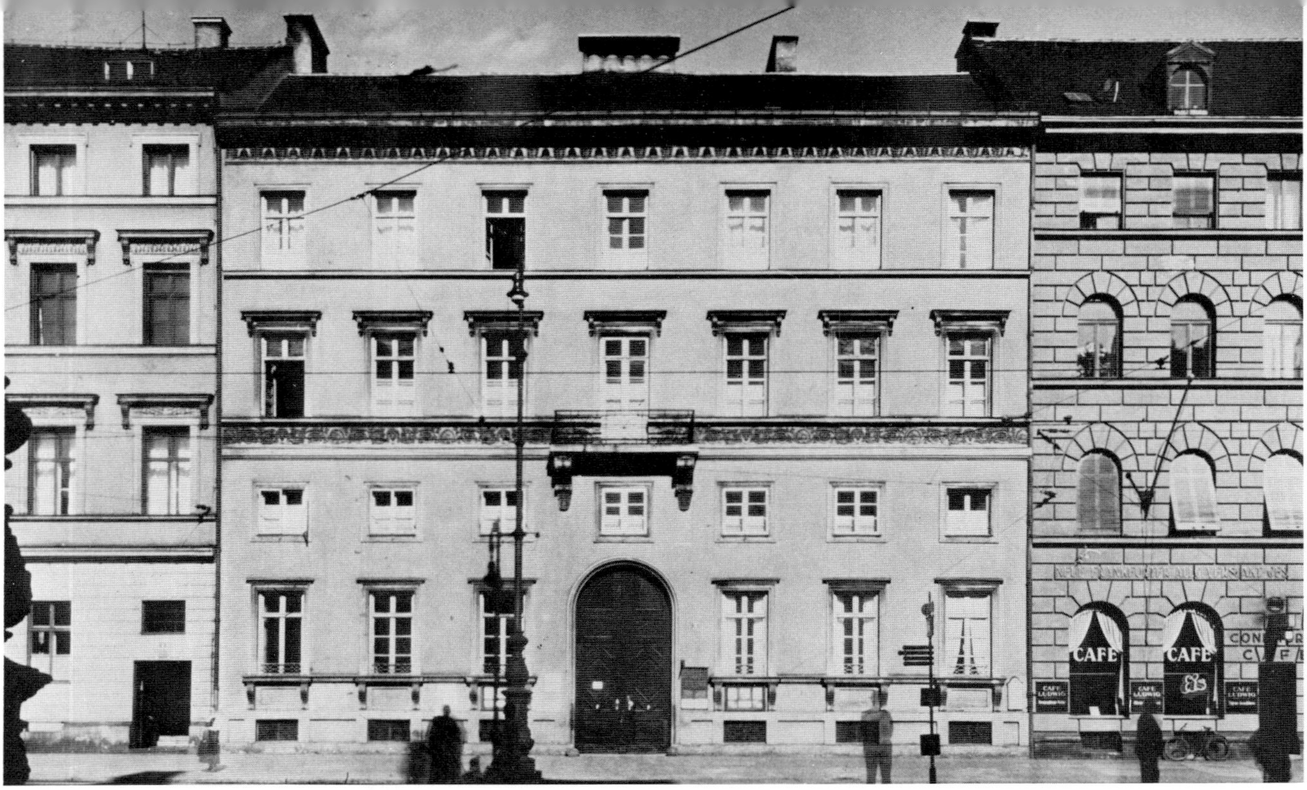
CAFE
CAFE

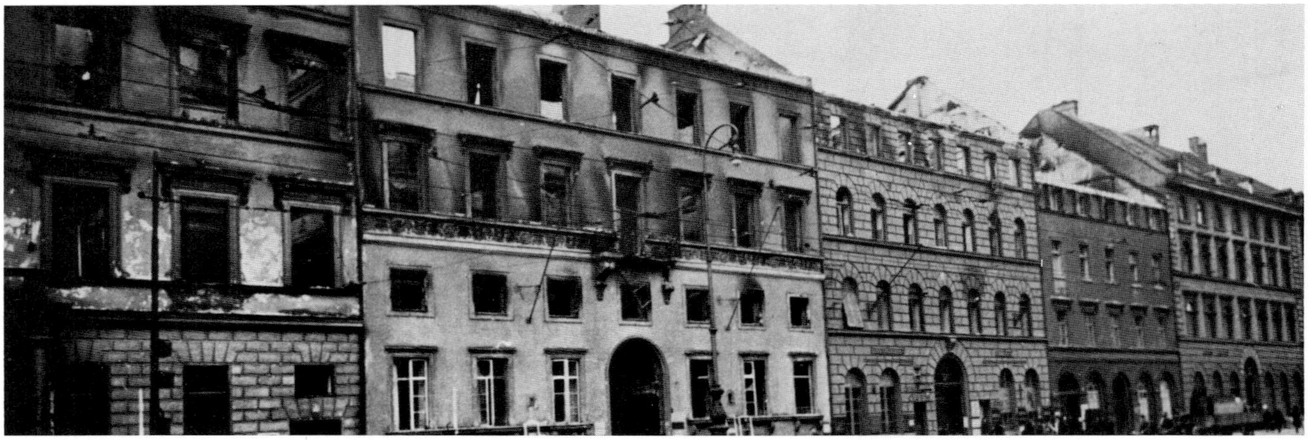

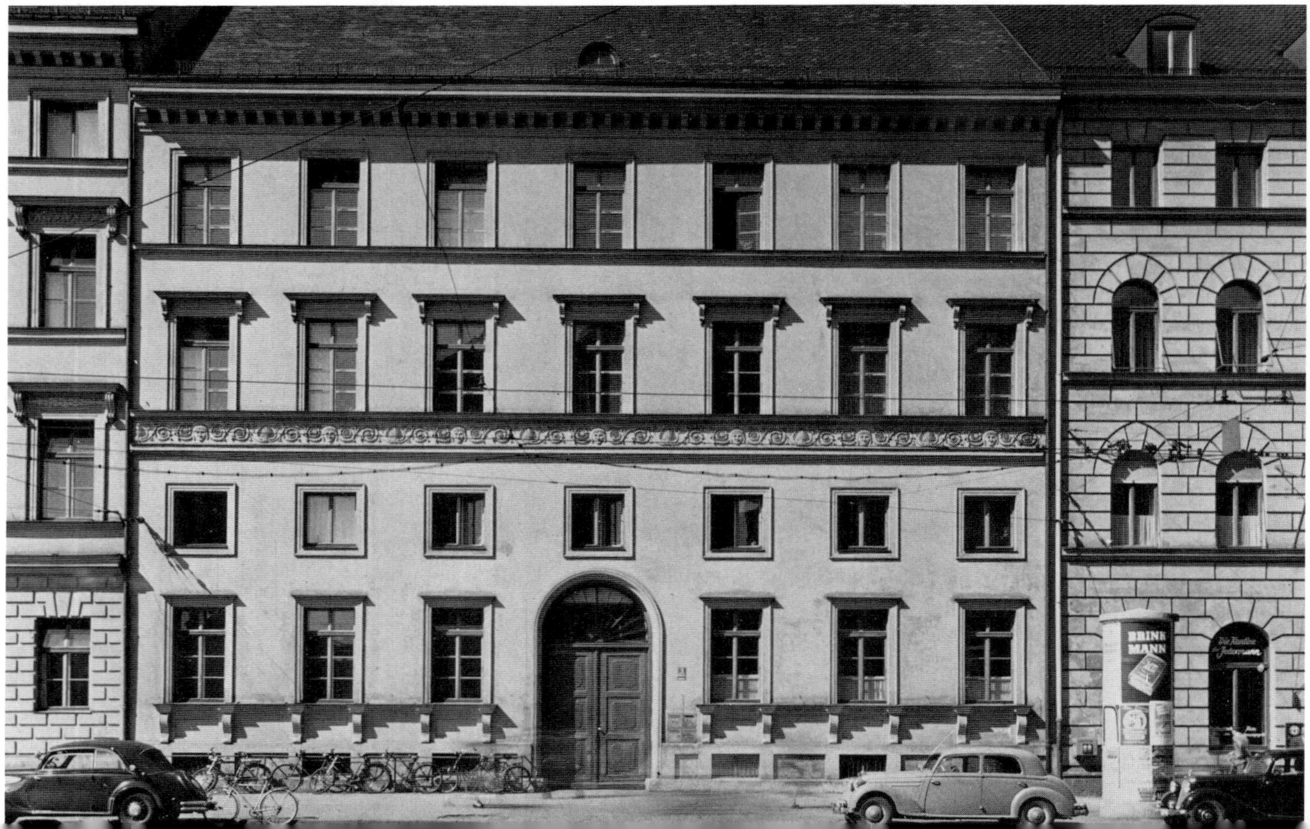

Balkon der Fassade Ludwigstraße 3.

Vielfach wurde in der Ludwigstraße gesündigt.

Kleinigkeiten? Nein – eben nicht!

Aus der Gruppe der Häuser Nr. 1–7:

Ludwigstraße 3.

Wichtiger Akzent über dem schlichten Portal der zierliche Balkon auf eleganten Konsolen. Das Gesims mit Blüten- und Palmettenfries, darüber Zahnschnitt und Platte. Die Beschädigung war nicht gravierend.
Aber bei der Instandsetzung wurde der Balkon entfernt, statt des originalen, richtigen Gesimses verwendet man kenntnis- und instinktlos das Konsolgesims des etwas höheren Nachbarhauses, statt des klassizistischen Portals macht man ein pseudobarockes, wie man es im Dritten Reich gelernt hat.

Ludwigstraße 2. Finanzministerium. Hier rückt man das Portal aus der Mittelachse! Wer versteht heute schon etwas von Symmetrie und Ordnung! Säulen und Balkon wurden weggeschlagen. Warum wohl? Vielleicht, weil das Portal »blind«, nicht benutzt und also »falsch« war? Das pseudo-barocke Portal vergleiche nebenan!

Das Siegestor als Abschluß der Ludwigstraße und Tor zur Leopoldstraße. In beide Straßenräume ragt nun das Hochhaus an der »Münchner Freiheit« hinein.

Zur schwersten Sünde in der Ludwigstraße und am Stadtbild überhaupt wurde das »Hertie-Hochhaus« am Feilitschplatz. Ursprünglich sollte es weiter rechts, also weiter seitlich hinten stehen. Dann erkannte man, daß Hochhäuser »Dominanten« sind und Dominanten gehören in den Blickpunkt. Jetzt steht es im Blickpunkt und zerschlägt auf unabsehbare Zeit den Maßstab der Ludwigstraße.

Ludwig I. ließ sich für seine Ludwigstraße inspirieren von den Champs-Elysées in Paris. Die Pariser mußten offenbar für ihre städtebaulichen Todsünden im Blickfeld der Champs-Elysées im letzten Jahrzehnt das Vorbild von München nachahmen! Nicht nur die großen Ideen kennen keine Grenzen, auch die Spießer verständigen sich international.

Die Ludwigstraße, weltberühmt, war immer schon Versuchung für die Epigonen.
1979 hat die FDP-Fraktion im Münchner Stadtrat den Antrag auf Abbruch des Gebäudes gestellt! Sollte ein Umdenken tatsächlich Wirklichkeit werden? Der Antrag wurde inzwischen längst abgelehnt!

Die Ludwigstraße, weltberühmt, war immer schon Versuchung für die Epigonen.
1979 hat die FDP-Fraktion im Münchner Stadtrat den Antrag auf Abbruch des Gebäudes gestellt! Sollte ein Umdenken tatsächlich Wirklichkeit werden?

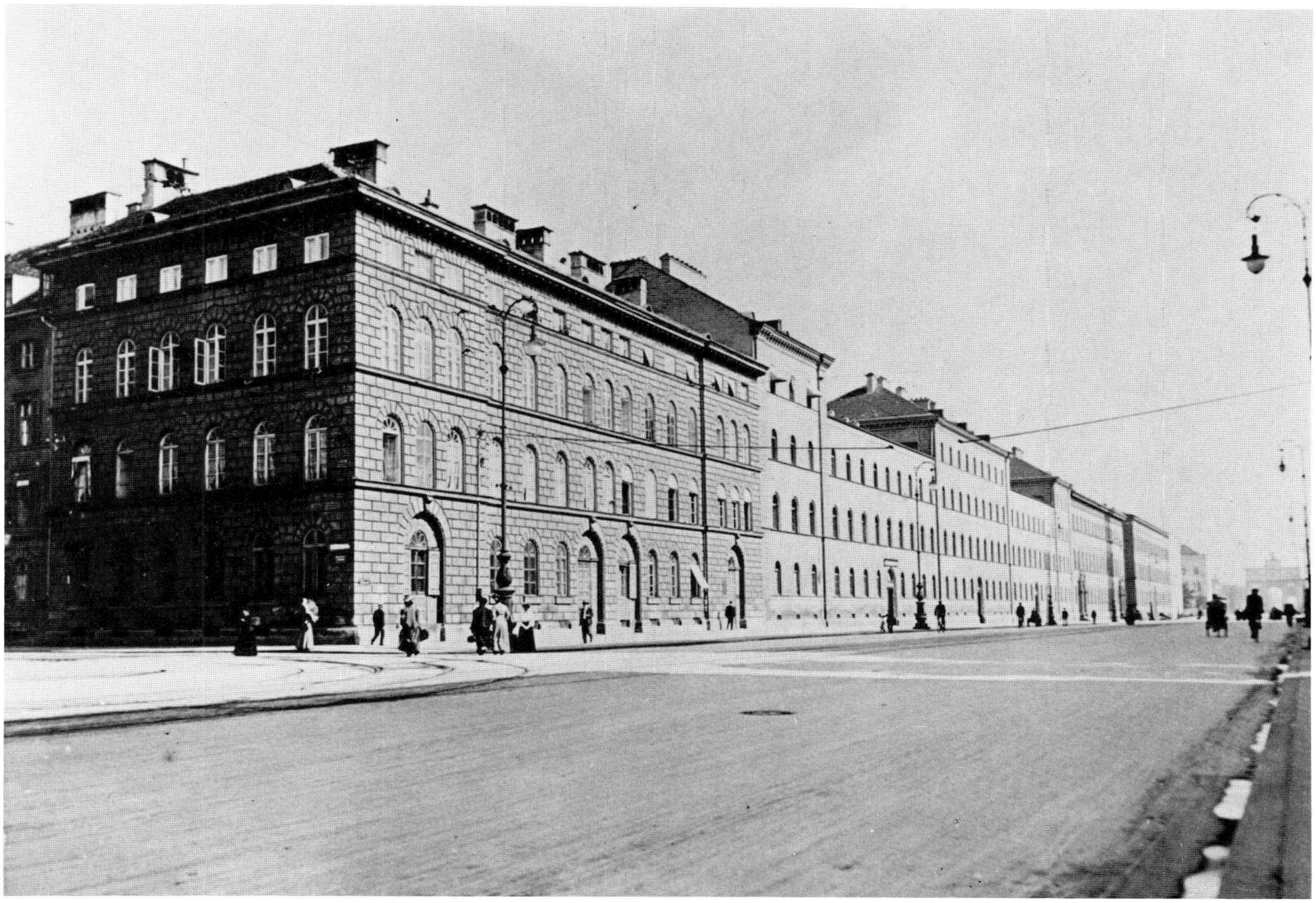

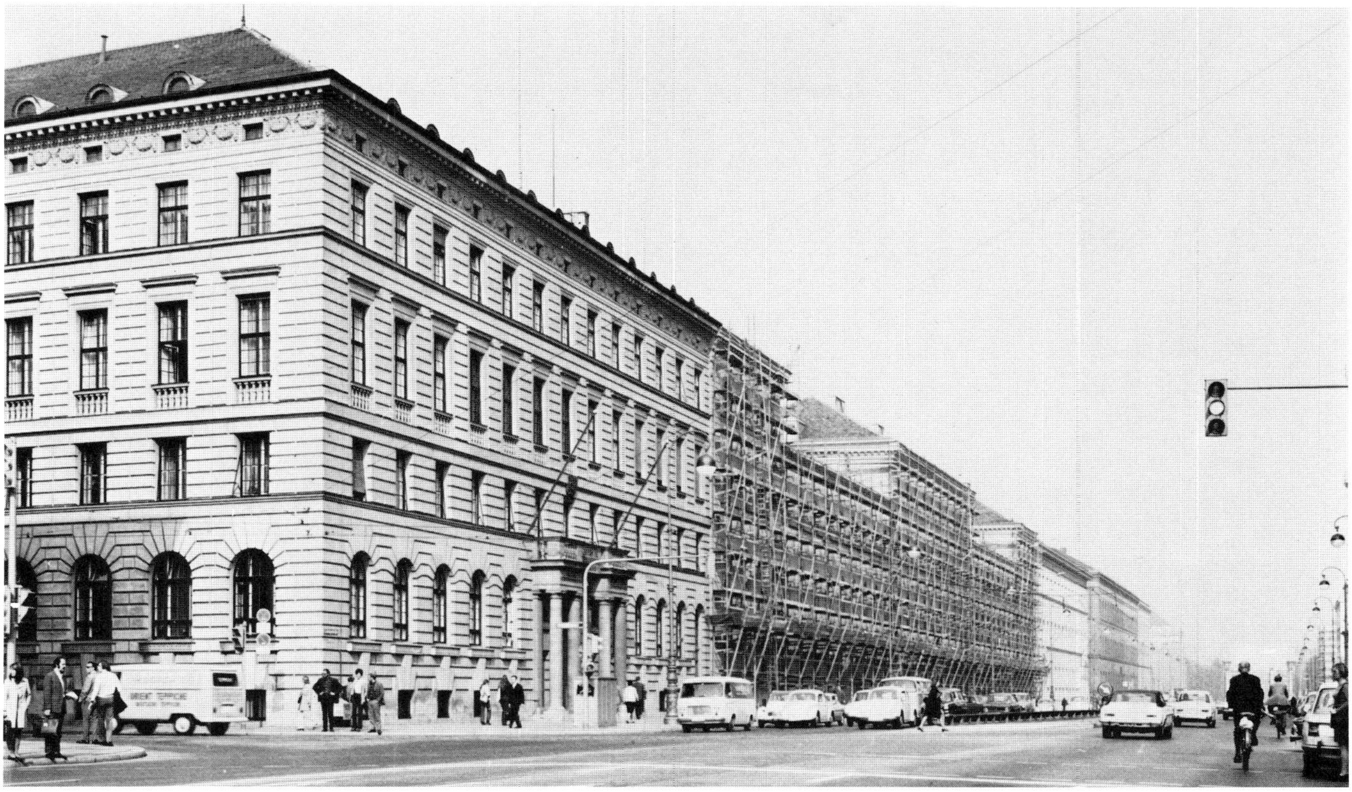

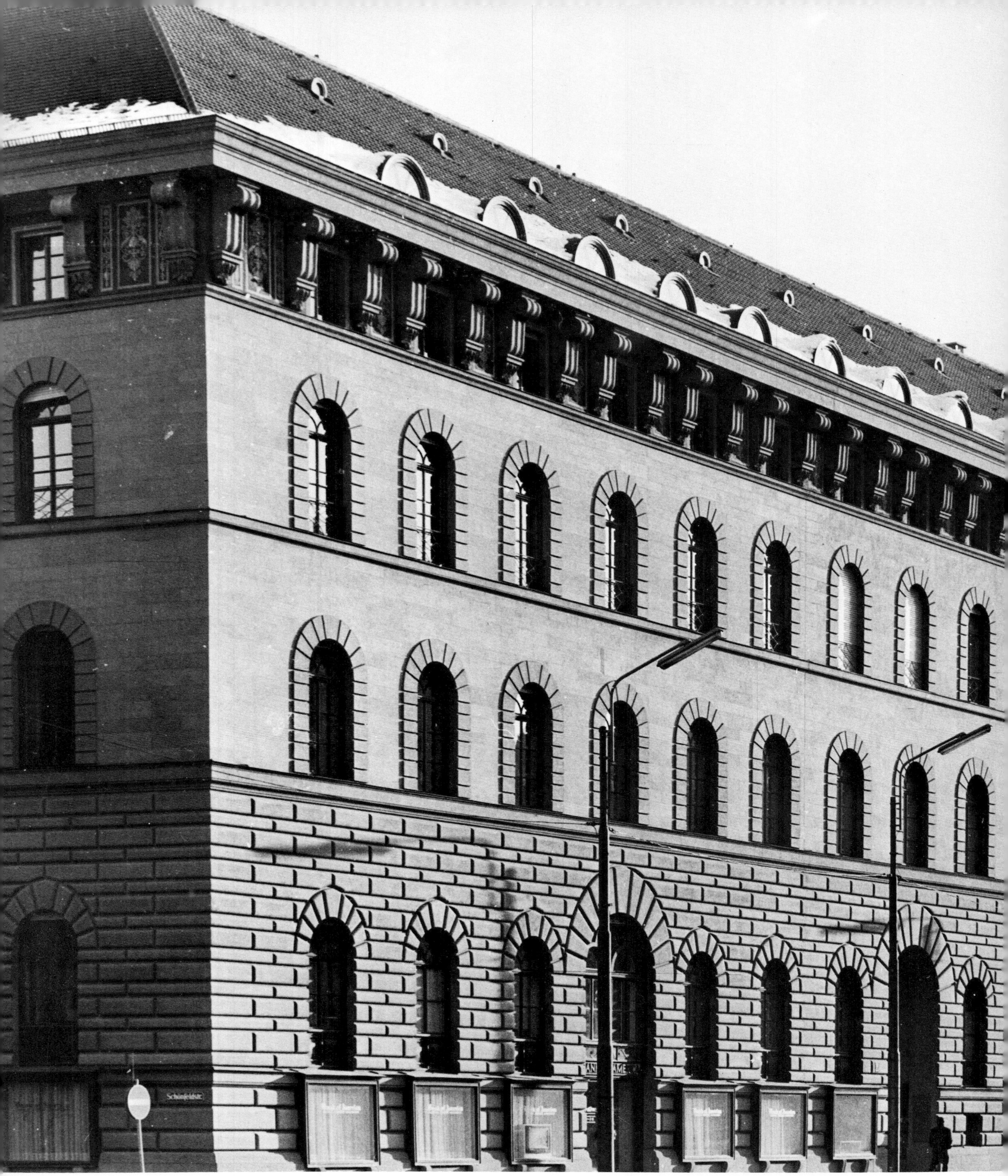

Ludwigstraße 6, 8 und 10 (früher »Haßlauer Block«, jetzt »Hartlaubhäuser« genannt).
Klenze hatte 1828 erstmals in der Ludwigstraße drei Häuser für drei Besitzer in eine einheitliche Gestalt gebracht.
Das kraftvolle, fast stockwerkhohe Konsolgesims ist einmalig in Klenzes Werk.
Der Block, im Krieg schwer zerstört, wurde in den Jahren danach Stück um Stück abgebrochen, bis alles abgeräumt war und die Grundstücke als Verkaufsplatz für gebrauchte Autos dienen konnten.
Einem privaten Unternehmer, Mäzen und kunstsinnigen Bürger, der zuvor das Preysing-Palais wiederaufbauen ließ, Dr. Hermann Hartlaub, ist es zu danken, daß, nachdem er die Grundstücke erwerben konnte, dieser großartige Bau mit den originalen Fassaden wieder entstehen konnte.
Lediglich die Vitrinen im Sockel sind ein Zugeständnis an den Zwang, auch einen solchen Bau wirtschaftlich rentierlich zu errichten, doch können sie schadlos entfernt werden, wenn einmal keine Notwendigkeit mehr dafür besteht, so wie jetzt bereits in den mittleren drei Achsen.

IM BEREICH DER RESIDENZ...

Der Festsaaltrakt

Berichtet wird noch von der Zerstörung des Wittelsbacher Palais. Wäre sie ein Einzelfall geblieben, vielleicht wäre sie zu verschmerzen gewesen. Doch reiht sich die Zerstörung von Palästen zum Übermaß, das vielleicht den schwersten Gesichts- und Geschichtsverlust im Stadtbild Münchens überhaupt bedeutet, der erst nach dem Krieg eingetreten und zu verantworten ist.
Die Residenz war davon nicht ausgenommen, obwohl insgesamt die Rettung und der Wiederaufbau des Riesenkomplexes eine Großtat der Nachkriegsgeschichte darstellt und ans Wunder grenzt.
Der Thronsaal im Festsaalbau der Residenz war nicht mehr oder weniger zerstört als alle anderen Räume der ludovicianischen Residenz.
Seine Rettung sollte beginnen mit der neuen Verwendung als Konzertsaal.
Aus der beabsichtigten Rettung wurde allmählich eine Neugestaltung, die mit dem alten Thronsaal nicht mehr das mindeste gemeinsam hat.
Es entstand der sog. »Neue Herkulessaal«, benannt nach der Folge von Gobelins, die in ihm aufgehängt wurden und mit Musik überhaupt keine Verbindung haben.
Die bayerische Residenz hat mit dem Thronsaal zugleich den würdigsten klassizistischen Festsaal verloren. Die überlebensgroßen Standbilder der Wittelsbacher Herrscher, geschaffen von Ludwig Schwanthaler, teils mehr, teils weniger beschädigt, haben bis heute keinen würdigen Platz zur Wiederaufstellung gefunden.
Die an den Thronsaal anschließende Folge der Festsäle mit den sogenannten Kaisersälen, dem Ballsaal und dem Schlachtensaal, dazwischen gefügt die Kabinette der Schönheitengalerie, die pompejanischen Säle und schließlich die wundervolle Festsaal-

Festsaalbau Residenz.
Der anstelle des alten Thronsaales für den Bayerischen Rundfunk eingebaute „Herkulessaal"

treppe bildeten in ihrer Gesamtheit einen Höhepunkt des europäischen Klassizismus. Ihre Rettung oder gar ihre Wiederherstellung wurde erst gar nicht in Erwägung gezogen. Von der dreiläufigen Festsaaltreppe, wohl einer der schönsten klassizistischen Monumentaltreppen der Welt, war lediglich bekannt, daß sie zu den Festsälen angeblich falsch gelegen ist (weil Klenze wohl nicht gewußt haben soll, wo Treppen richtig zu plazieren sind). Sie war von der ganzen Raumfolge mit am wenigsten zerstört und stand nach dem Krieg noch im wesentlichen aufrecht. Sogar Teile der Gewölbe und Malereien waren noch erhalten. Obwohl es eine Initiative gab, diesen herrlichen Treppenraum mit den anschließenden Residenzfestsälen wiederherzustellen und in den Bereich des neugeschaffenen Herkulessaals einzubeziehen, wurde alles zerstört. Noch nicht einmal die Kapitelle der ionischen Säulen, Meisterwerke der Steinmetzkunst, wurden geborgen, sondern landeten irgendwo auf einem Schuttplatz.

Die zwei Kabinette für die »Schönheitengalerie« hätten unbedingt erhalten werden müssen. Sie waren eigens für Stielers Bilder der von König Ludwig I. ausgesuchten Damen und Mädchen gebaut. Losgelöst von diesen Räumen geben die Bilder heute nur noch einen Abglanz dessen, was der der Kunst und der Schönheit verbundene König damit symbolisieren wollte.

Im »Schlachtensaal« waren Gemälde der berühmtesten Schlachten gegen Napoleon aus den Befreiungskriegen in die Architektur eingefügt. Die Bilder blieben erhalten, der Saal wurde gänzlich aufgegeben. An seine Stelle traten Büros und im Innern des Baues ein Treppenhaus mit der merkwürdigen »Eskaladierwand« aus Schmiedeeisen. (Abb. S. 39).

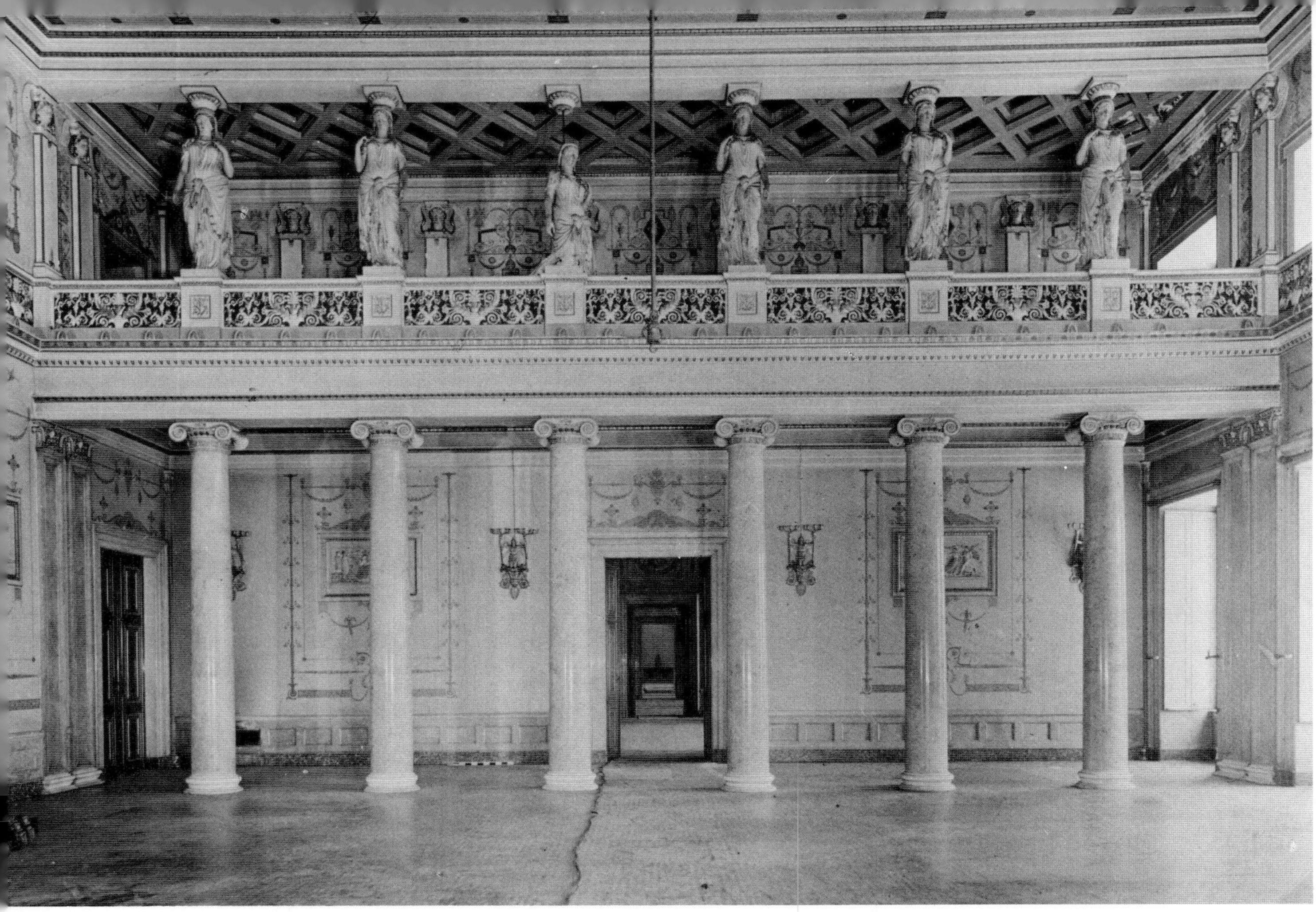

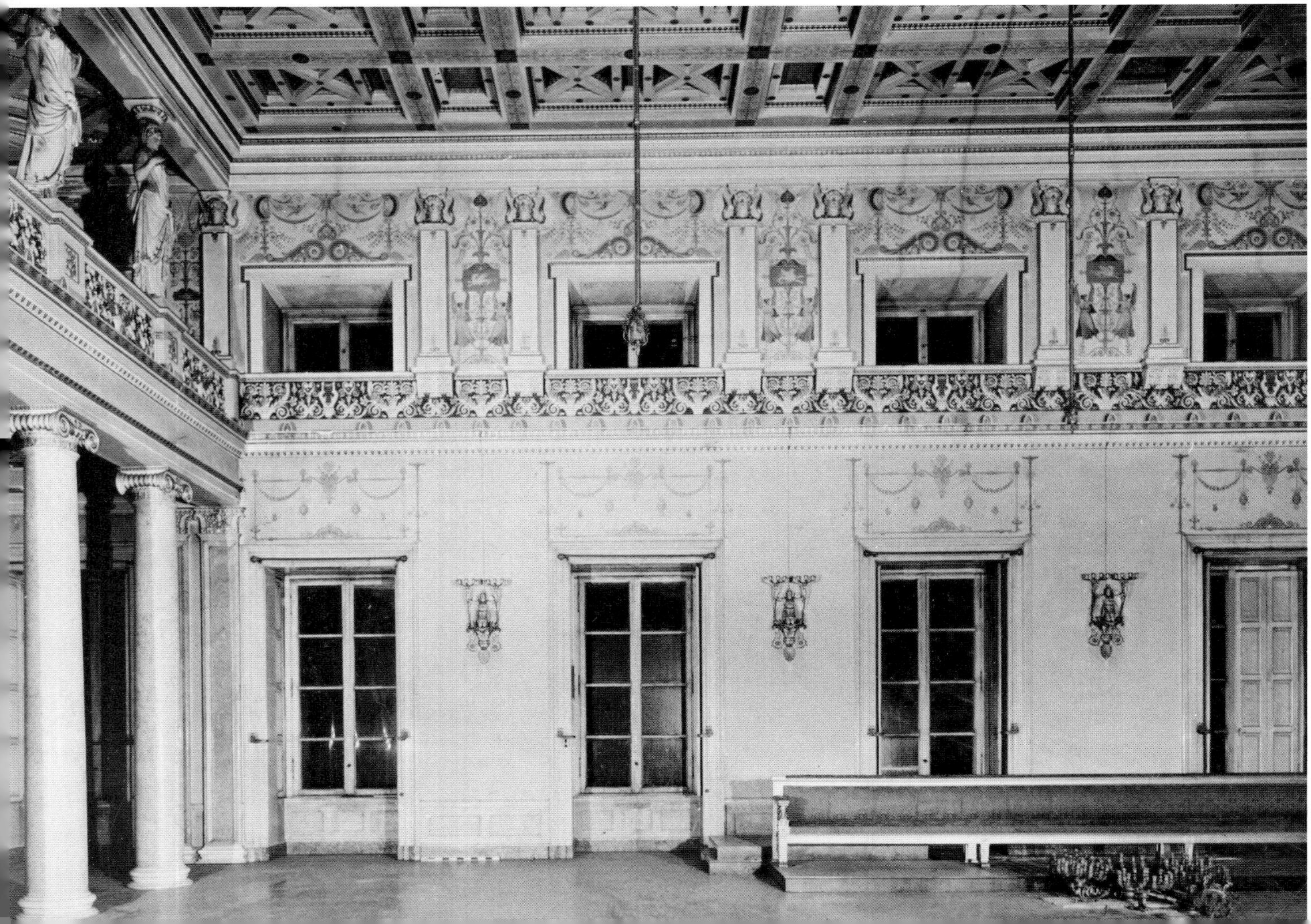

Der verlorene Ballsaal in der Residenz. Blick zur westlichen Stirnwand in Richtung zum Thronsaal.

Blick auf die nördliche Langwand. Die Aufnahmen stammen aus dem Krieg, als Mobiliar und Lüster bereits ausgeräumt waren.

Die Festsaaltreppe vor und nach der Zerstörung.

Anstelle des ehemaligen »Schlachtensaals« die neue Treppe mit einer haushohen Gitterwand.

Westfassade und Grundriß der Allerheiligen-Hofkirche.

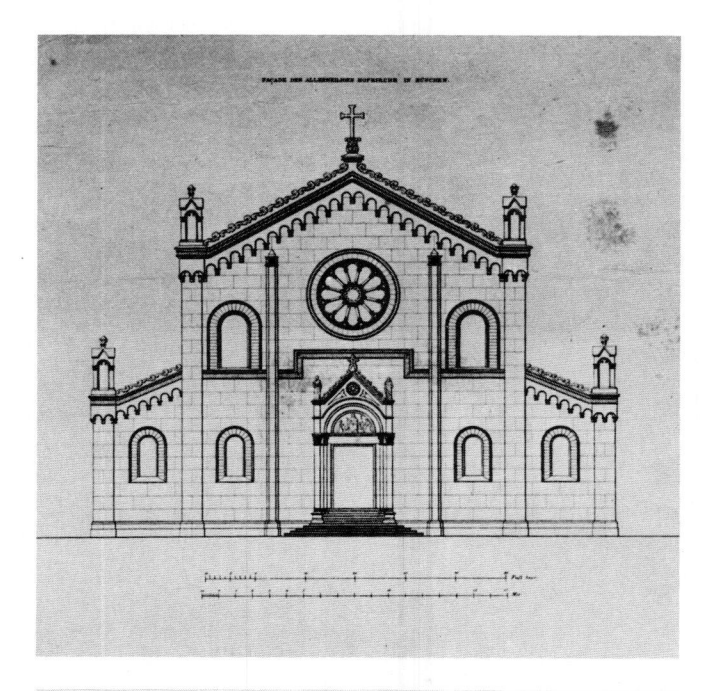

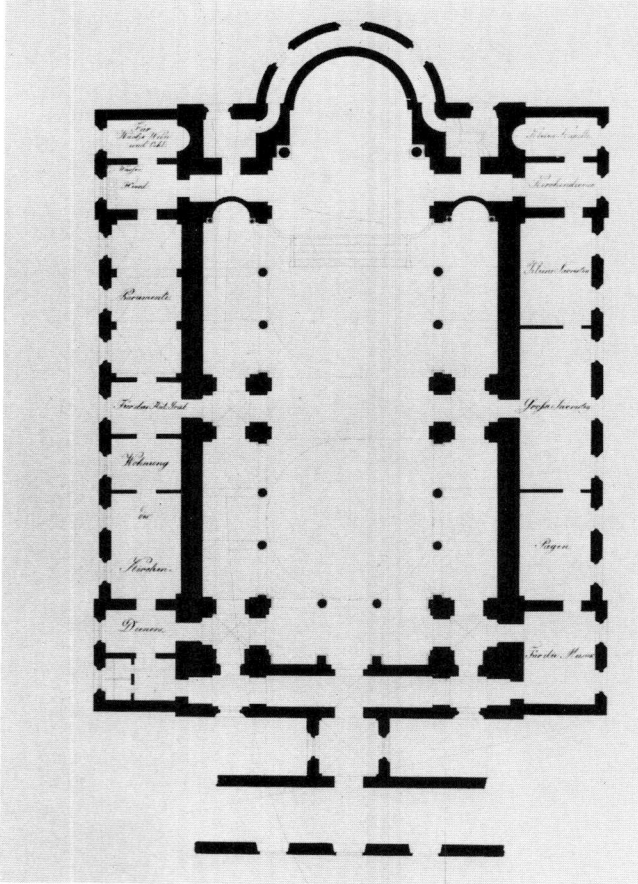

Der Marstallplatz und die Allerheiligen-Hofkirche

Eine der bemerkenswertesten Zerstörungsbemühungen, nicht nur in der Residenz, sondern geradezu exemplarisch für München und ganz Bayern, richtete sich auf die Allerheiligen-Hofkirche in der Residenz. J. N. Ringseis erzählt in seinen »Erinnerungen« über die Entstehung der Bauabsicht bei König Ludwig I.: »Es war in der Christnacht 1817 zu Palermo. Zur Weihnachtsmette gingen wir in den königlichen Palast, wo die byzantinische Kapelle in der feierlichen Beleuchtung und die schöne Musik mich gar sehr zur Andacht stimmte. Als wir (Ringseis und der damalige Kronprinz Ludwig) nach der kirchlichen Feier zu unserer Wohnung fuhren, rief der Kronprinz völlig hingerissen: ›Solch eine Schloßkapelle will ich haben!‹« Leo von Klenze erhielt den Auftrag und wie bei allen seinen Aufträgen, hervorragende Bauten des klassischen Altertums, des Mittelalters und der Renaissance für König Ludwig zu kopieren, schuf er auch hier einen selbständigen, künstlerisch äußerst qualitätvollen Bau und verwirklichte damit in vollendeter Weise die programmatische Idee des Königs, den ersten Kirchenbau in Bayern nach der Säkularisation in der Residenz zu errichten in der majestätischen Schönheit des hohen Mittelalters. Es sollte der einzige Kirchenbau Klenzes bleiben, der jedoch wie die Ludwigskirche Gärtners Maßstäbe für den neuen Kirchenbau gesetzt hat. 1827–37 errichtet und von Peter Hess mit figürlichen Malereien auf Goldgrund ausgestattet, war die Kirche im 2. Weltkrieg nicht mehr und nicht weniger zerstört worden als alle übrigen Bauteile der Residenz.

Aber ein Unstern lag über ihr, da maßgebliche Persönlichkeiten damals noch ohne jede Beziehung zu romantisch-klassizistischen Bauten waren und die Kirche als »mißlungene Leistung« aus dem Wiederaufbauprogramm der Residenz ohne Widerspruch ausklammern konnten. So wurde bald das südliche Seitenschiff, das jedoch nur Nebenräume der Kirche enthielt, abgebrochen um einem Magazinneubau des wiederaufzubauenden Residenztheaters

Der Marstallplatz früher mit der Hofkirche und den Rosenbeeten, heute aus gleicher Sicht mit dem »Tempel der Hydraula«, wie er genannt wurde, weil darin u. a. neben Magazinen die hydraulischen Anlagen des Nationaltheaters untergebracht sind.

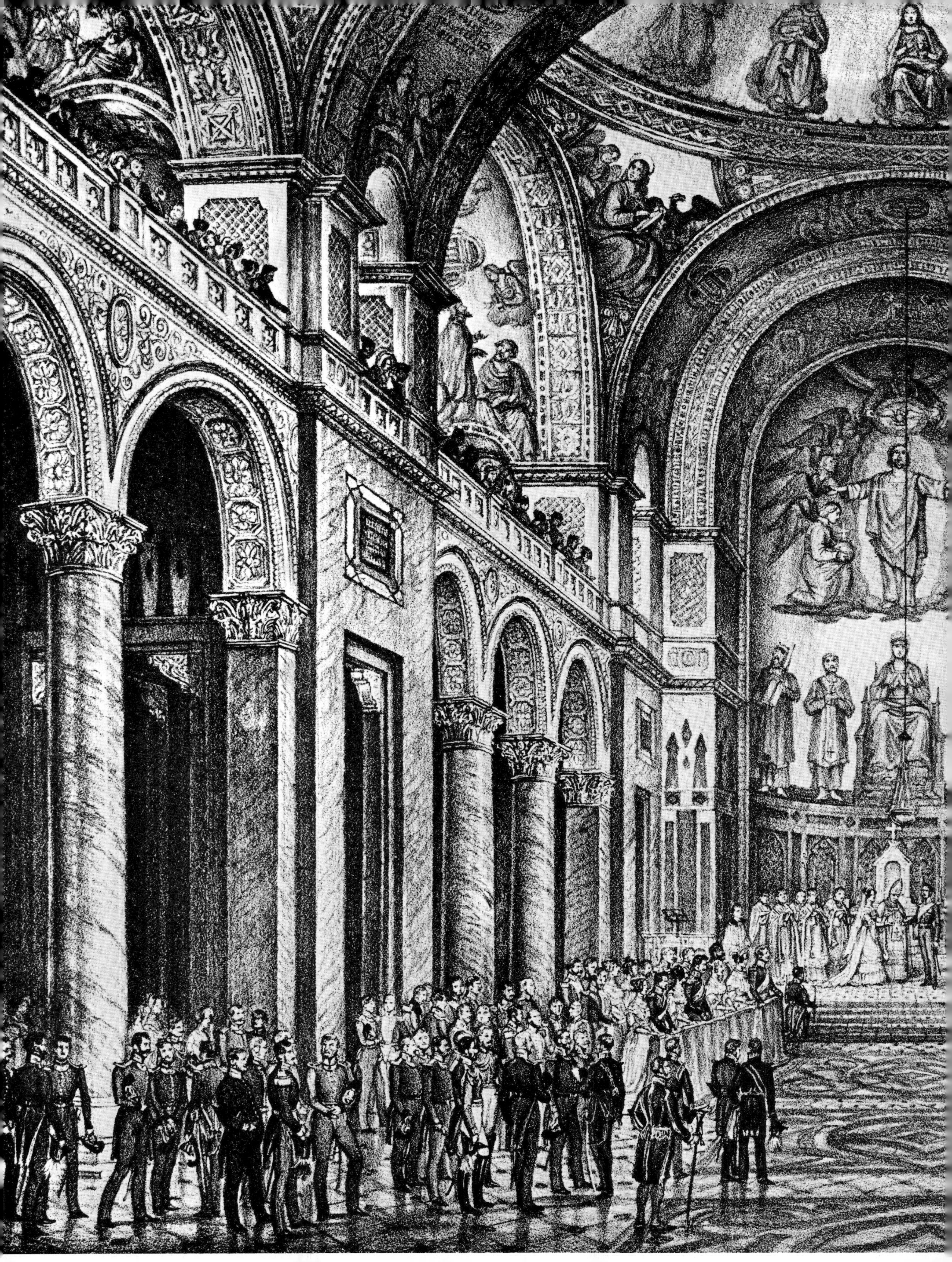

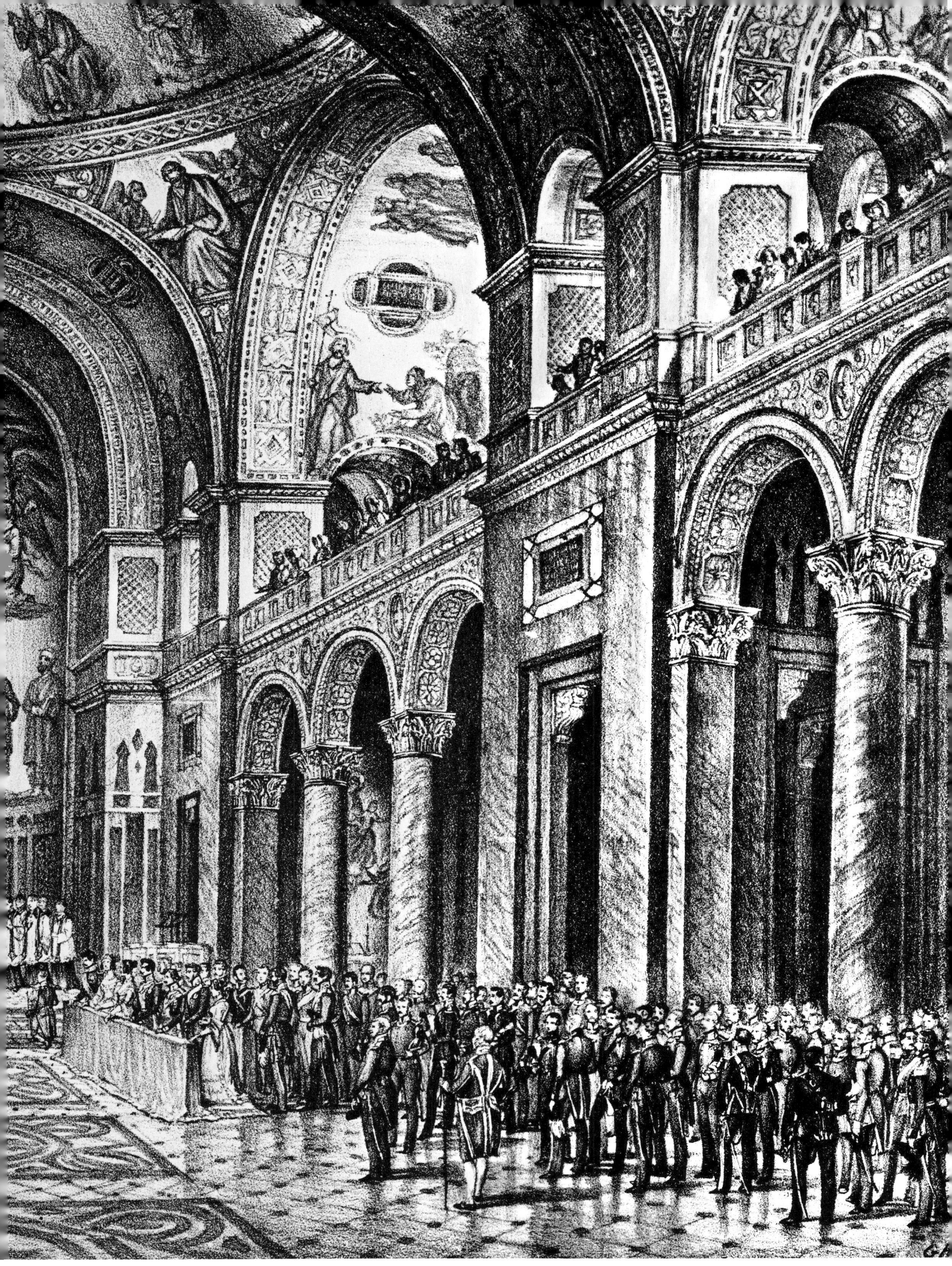

Aus dem Kirchenraum der Allerheiligen-Hofkirche nach der Zerstörung.

Mit Ausnahme der Gewölbe blieb die wesentliche Architektur erhalten. Heute ist der Raum überdacht und damit auf Dauer gesichert.

Zur Lithographie auf der Seite vorher: „Vermählung Seiner Königl. Hoheit des Kronprinzen Maximilian von Bayern mit Ihrer Königl. Hoheit Prinzessin Maria von Preußen in der Allerheiligen Hofkirche München den 12. Oktober 1842."

Der südliche Hof mit Blick zum Allerheiligen-Gang, links altes Residenztheater, rechts Hofkirche mit den südlichen Seitenräumen vor dem Abbruch.

Der nördliche Hof neben der Hofkirche, der sogenannte Kabinettsgarten.
Die Zerstörung der Hofkirche war äußerlich kaum sichtbar.

Platz zu machen. Die restliche Ruine blieb von der ersten Überdachungsaktion in der Residenz ausgenommen.

Bemühungen von außen her, die Kirche zu retten und ihr eine kirchliche Verwendung zurückzugewinnen, scheiterten am Widerstand der Behörden. Der »Fall« beschäftigte sogar die Staatsregierung und zweimal das Parlament, zweimal wurden Plenumsbeschlüsse gefaßt: 1964 wurde der Abbruch beschlossen, der dann aber dank der noblen und mutigen Einsicht von Finanzminister Pöhner nicht vollzogen wurde, sodaß 1968, nach jahrelangen Interventionen, insbesondere des Abgeordneten Dr. Schosser, die Mehrheit im Parlament für den Wiederaufbau stimmte.

Heute ist die Kirche unter Dach und man sieht ihr äußerlich – wie während der Zerstörung – kaum an, daß sie einmal wegen behaupteter totaler Zerstörung abgebrochen werden sollte. Eine Schlacht für die Denkmalerhaltung war gewonnen, aus der unmittelbar die Bayerische Denkmalschutzgesetzgebung hervorging.

Der Marstall-Komplex nach der Zerstörung. Die Stallungen sind bis auf wenige Reste abgeräumt.

Am Marstallplatz

Auch die großartige »Reithalle« von L. v. Klenze war lange Zeit in Gefahr. Heute ist sie äußerlich wiederhergestellt, aber der Innenraum ist verloren, als Kulissenmagazin »zweckentfremdet«.
(Abb. links unten)

Im Hofgarten ...

Der Hofgarten, einstmals ein Bastionsgarten, also losgelöst von der Residenz, wurde unter Kurfürst Maximilian I. 1614 angelegt. 1776 ließ ihn Kurfürst Karl Theodor zu einem Baumgarten umgestalten und Prinzregent Luitpold schuf endlich, wie bei P. Zauner in »München in Kunst und Geschichte« nachzulesen ist, 1895 die jetzige herrliche Blumenbeetanlage, »wohl die erste und sicher die beste Gartenschöpfung, die die neue künstlerische Bewegung für Ziergärten einleitete«.

Mit seinen Lindenalleen und den großen Kastanien und durchzogen von den Blumenrabatten war er einmalig in Europa und prädestiniert zum Flanieren und Kaffeetrinken. Nach schweren Kriegszerstörungen wurde er zu einem barockisierenden Gartenparterre umgestaltet, das es vergleichbar oftmals gibt, nur nicht bezogen auf eine klassizistische Residenzfront, die trotz allem durch eine Straße vom Garten getrennt bleibt. Auch wenn ihm in seiner heutigen Gestalt neue Schönheit gewonnen wurde, alles in allem ist doch ein großer Verlust an Einmaligkeit und Unverwechselbarkeit im Münchner Stadtbild zu beklagen.

Der Garten war an der West- und Nordseite von Arkaden umzogen, ausgemalt in pompejanischer Art, mit Bildern aus der bayerischen Geschichte und den berühmten italienischen Landschaftsfresken von Karl Rottmann. Im Abschnitt zwischen Leibregimentsstraße und Armeemuseum waren in Nischen die überlebensgroßen Herkulesstatuen des Roman Anton Boos aufgestellt.

»Italien in München« oder »Florenz am Hofgarten« könnte die Szenerie betitelt werden. Der Wasserturm und das alte Kunstvereinsgebäude, eingebunden in die östlichen Hofgartenarkaden, bildeten ein Ensemble unvergleichlicher Schönheit.

Der Blickpunkt ist vom sog. »Frühlingsbergl« aus genommen, dem gegenüber der reizende »Harmlos« stand.
Diese liebenswürdige Figur wurde zwar im Krieg nicht zerstört, mußte aber Anfang der 70er Jahre dem öffentlichen Vandalismus weichen, der ihn immer wieder beschmiert und gefährdet hat. Die Begrüßungsworte »harmlos wandele hier...« sind allerdings ohnehin überflüssig geworden, da der Spaziergänger nicht mehr unmittelbar in den Englischen Garten wandern kann, sondern zu diesem Ziel erst längere, häßliche Unterführungen vor sich hat.

∨

∧

Neben den Portalen, die den Durchgang vom Hofgarten zum Englischen Garten freigaben, war auch ein *Wasserturm* einbezogen.
Der Wasserturm wurde am 14. März 1952 gesprengt. Sieben Jahre nach Kriegsende stand er also noch aufrecht! Seine Zerstörung erfolgte letztlich also nicht durch die Bomben, sondern durch Unverstand. Das Kunstvereinsgebäude wurde noch viel später abgerissen.
Der verantwortliche Baudirektor hatte, als ihm der Verfasser die Zeichnung am Tag der Sprengung zeigte in der Hoffnung, den Turm doch noch retten zu können, lediglich die Bemerkung übrig: »Hoffentlich ist alles gut gegangen«, bei der Sprengung meinte er natürlich.

48

Armeemuseum, Kriegerdenkmal, Hofgarten, rechts Festsaalbau der Residenz.

Das Armeemuseum

Das Armeemuseum am Hofgarten litt jahrzehntelang geradezu unter einem Unstern. Es wurde behauptet, daß der Bau dem Hofgarten eine falsche Achse gebe, obwohl die Anlage des Hofgartens als ehemaliger Bastionsgarten auf einem Achsenkreuz beruht, dessen einziger Bezugspunkt der Mittelpunkt ist, und dort steht der Hofgartentempel. Ferner wurde im Armeemuseum die mindere Qualität eines Wilhelminischen Baues gesehen, obwohl in jeder Einzelheit zu beweisen ist, daß er dies nicht ist und obwohl bekannt ist, daß an diesem großen Repräsentationsbau der Ära des Prinzregenten auch der große Adolf von Hildebrand mitgewirkt hat und mit ihm sicher die Künstler, die am Hof des kunstsinnigen Prinzregenten verkehrten und mindestens an der Hoftafel darüber gesprochen haben.

Schließlich erhielt die Kuppel während des Ersten Weltkrieges statt der Kupferdeckung eine unansehnliche Schieferdeckung. Seit der Teilzerstörung im letzten Krieg versuchen maßgebliche Kreise, den Bau mit allen negativen Argumenten zu beseitigen. Die Flügelbauten wurden schließlich im Zusammenhang mit dem Bau des Altstadtrings abgerissen. Wenigstens der Kuppelbau mit einem faszinierenden Saal wurde gesichert. Seit vielen Jahren sind Bemühungen im Gange, den Bau zu einem »Haus der Bayrischen Geschichte« zu machen. Inzwischen ist die äußere Instandsetzung der Kuppel mit Kupfereindeckung beschlossen und wird derzeit ausgeführt.

Der Kuppelbau des Armeemuseums, Westansicht vom Hofgarten, vor der Zerstörung.

Armeemuseum aus der Sicht vom Altstadtring. So begann der Ausbau des Altstadtrings Nord-Ost als »Wiener Ring des 20. Jahrhunderts«. Die Straße wurde nach den Erkenntnissen des Autobahnbaus gebaut mit dem Mißverständnis, daß ein großstädtischer Boulevard keinen fahrbahntrennenden Grünstreifen haben darf.

Maschendrahtgitter sollen noch heute die Fußgänger daran hindern, den Ring an nicht vorgesehenen, aber altbewährten vernünftigen Stellen zu überqueren. Einziger architektonischer Halt ist hier der Kuppelbau des Armeemuseums, der jahrelang nach Absicht der Planer auch noch zerstört werden sollte. Heute hat man bereits, 10 Jahre nach dem Bau, den Ring wesentlich verschmälert und alle Ansprüche auf Monumentalität scheinen, nicht zum Nachteil dieses Stadtbereichs, entschwunden zu sein. Der Bayerische Landtag hat 1978 einmütig beschlossen, das Armeemuseum in Gänze wieder aufzubauen. Inzwischen sind erneute Überlegungen im Gange. Man darf gespannt sein, was eines Tages ausgeführt wird.

DIE ZERSTÖRUNG DER PALÄSTE AUSSERHALB DER ALTSTADT

München war bis zur 1. Zerstörung eine Stadt der Paläste und der palastgleichen großen Komplexe: *Der Alte Hof* an der Südostecke der Gründungsstadt, die spätere »*Neuveste*« der Renaissance, aus der sich dann die Kurfürstliche und Königliche Residenz entwickelt hat, die *Herzog-Max-Burg,* die Herzog Wilhelm V. als seine neue Residenz erbauen ließ, dazu benachbart das *Wilhelminum –* das *Jesuitenkloster* als geistliche Hochburg der Gegenreformation, das *Wittelsbacher Palais,* das für Kronprinz Maximilian, den späteren König Max II., von Friedrich von Gärtner errichtet wurde, das *Leuchtenberg-Palais,* das Leo von Klenze für den Herzog von Leuchtenberg als Palast von königlichen Dimensionen errichtete, die vielen *Paläste der Barock- und Rokokozeit,* vielfach nach der Mode der Zeit Palais genannt, vor allem im Kreuzviertel, später die *klassizistischen Palais der Briennerstraße und am Karolinenplatz, das Prinz-Karl-Palais, die palastgleichen Villen* der wohlhabenden Künstler und Großbürger des ausgehenden 19. und frühen 20. Jahrhunderts, vor allem bekannt die Villen von *Franz von Lenbach* und *Franz von Stuck,* der Palast *Schrenckh-Notzing.*

Hinzu kommen die *Lustschlösser* und *Landschlößchen* im heutigen Stadtbereich, *Schloß Nymphenburg* und das zerstörte *Schloß Biederstein,* das ehemalige *Schloß Harlaching,* das *Kraemerschlößchen* an der Birkenleiten und schließlich die vielen verschwundenen *Bastionsschlößchen* auf der ehemaligen Wallbefestigung und viele andere mehr.

Palastgleich errichtet waren auch die großen Klöster, die großen *Spitäler:* das *Theatinerkloster, Karmeliterkloster,* das »*Rochusklösterl*« der Karmeliterinnen, das *Franziskanerkloster* im Lechl, das *Anger-Kloster,* das *Institut der Englischen Fräulein –* spätere Alte Polizei, dazu der große Komplex des *Servitinnenklosters, Herzog-Spitals und Joseph-Spitals* und des *Damenstiftsgebäudes* im Hackenviertel – man sieht, eine Fülle von Zweckbestimmung und Größe her bedeutender, das Stadtbild prägender Baukomplexe von zumeist qualitätvollster Architektur. Sie bestimmten das Stadtbild nicht weniger als den Stadtgrundriß und damit insgesamt das Milieu der einzelnen Viertel und gliederten durch Vielzahl und Vielfalt die Stadt, die immer zugleich die Stadt der Bürger und des Adels, Landstadt und Residenzstadt, geistliche Stadt und geistige Stadt gewesen ist.

Aufzuzeigen sind die einzelnen Bereiche und Komplexe und wie vor allem nach dem Krieg gesündigt und gewütet wurde mit dem Ergebnis, daß vieles Unverzichtbare vernichtet worden ist und zahlreiche Stadtbereiche ihren ausgeprägten Charakter verändert oder gar verloren haben, weil nicht nur Trümmer zu beseitigen waren, sondern Zeugnisse einer Vergangenheit, die in der zur Moderne aufbrechenden Zukunft weithin unerwünscht sein mußten und im Wege standen.

Die Brienner Straße

Was in der Ludwigstraße verbrochen wurde, ist schon gezeigt worden, auf die beiden Palais Karl von Fischers an der Einmündung der Brienner Straße in den Königsplatz wurde verwiesen. Es bietet sich an, mit der Brienner Straße zwischen den beiden Bereichen fortzufahren, die die erste große Straßenplanung nach der Schleifung der Wallbefestigung geworden ist in der wundervollen Abfolge von Plätzen und Straßenräumen mit Wittelsbacher Platz, Karolinenplatz und Königsplatz.

Höhepunkt des Straßenzuges war das Wittelsbacher Palais, erbaut 1843 bis 48 von Friedrich von Gärtner auf Wunsch von König Ludwig I. für Kronprinz Maximilian.

Englisch-gotische Formen, die der Kronprinz besonders liebte, wurden angewandt. Aus deren steter Weiterentwicklung entstand später der »Maximilianstil« als eine Epoche der europäischen Architektur- und Kunstentwicklung des 19. Jahrhunderts. Ein Park von herrlichen Kastanien distanzierte das Wittelsbacher Palais von der Straße.

Das Wittelsbacher Palais. Ansicht aus dem vorigen Jahrhundert.

Ein herrlicher Innenhof mit Anklängen an die Arkaden der Cà d'Oro in Venedig wurde zu einer Meisterleistung der Baukunst schlechthin.

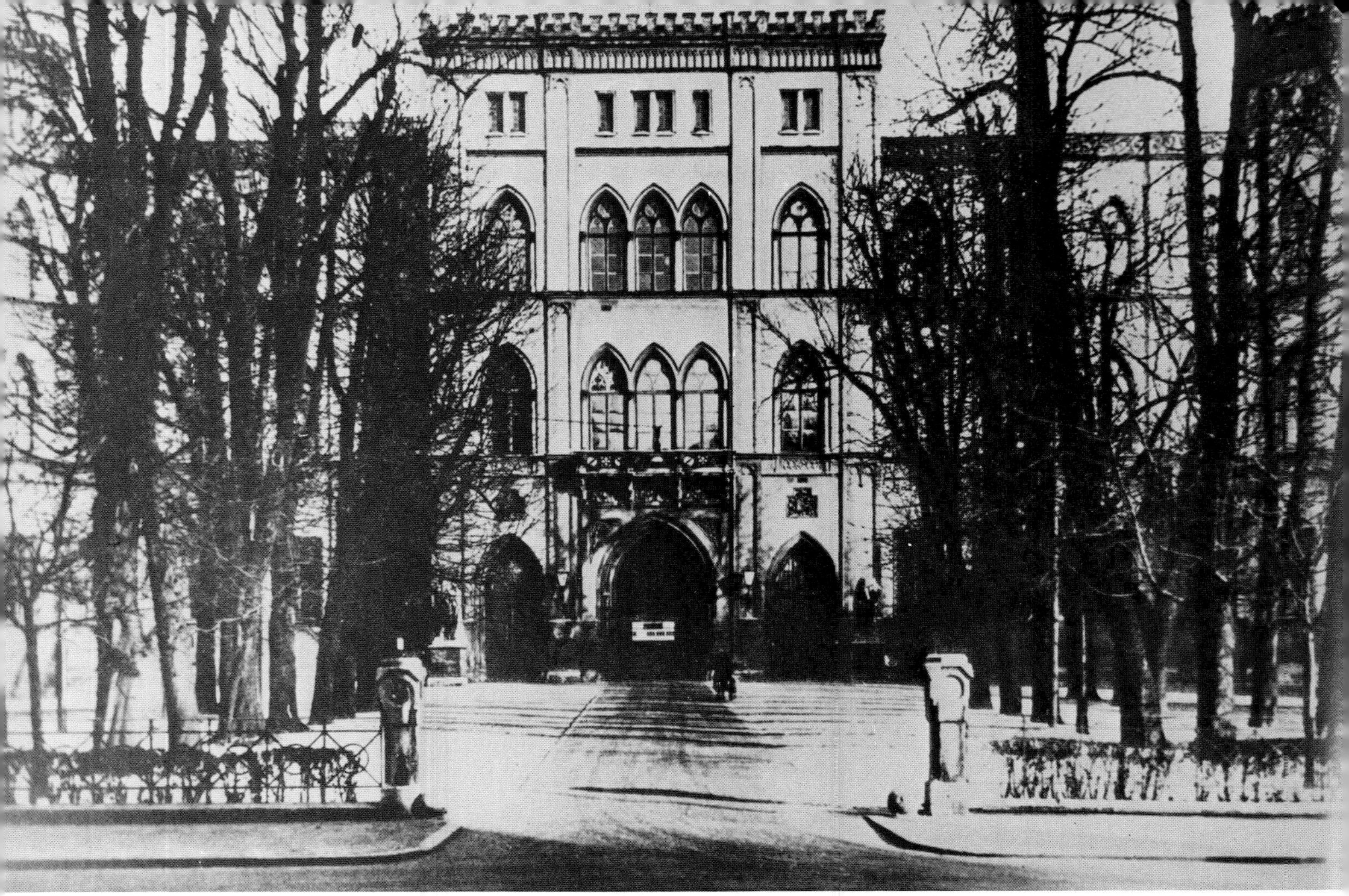

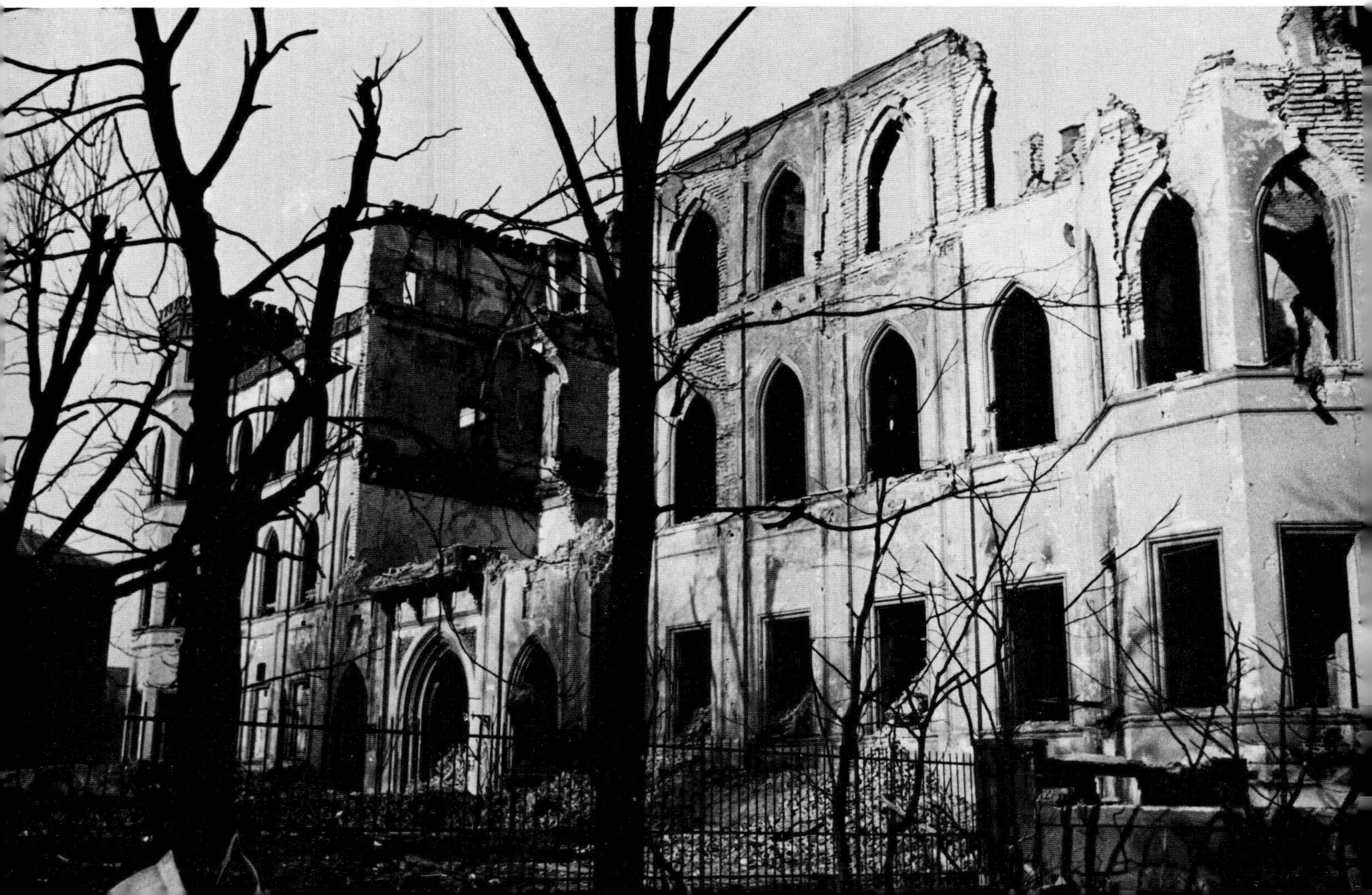

Das Wittelsbacher Palais – vor der Zerstörung und nach der Zerstörung.

Der Rest des Westteils im Abbruch. Zeichnung am 11. 11. 1950.

Die Schuttbahn vor dem fast unzerstörten Westteil.

*Das Wittelsbacher Palais.
Das Portal nach der Zerstörung.*

Der Bankneubau anstelle des Gartens vor dem ehemaligen Wittelsbacher Palais.

Heute existiert der Park vor dem Wittelsbacher Palais nicht mehr. Das Gelände wurde zugebaut mit einem Bankgebäude. Die für die Brienner Straße so wesentliche Gliederung in Räume, hier noch dazu durch einen wundervollen Park, wurde nicht begriffen.
Aber das Palais stand unter einem Unstern.

Weil es König Ludwig I., der es nach seiner Thronentsagung bewohnte, nicht liebte, und weil es im Dritten Reich von der berüchtigten Gestapo okkupiert war (das »Rote Palais«), wurde es nach dem Krieg vernichtet, als hätte man sich damit von Gestapo und Konzentrationslagern wegleugnen können. Es wurde abgebrochen, obwohl es nicht schwerer getroffen war als manche anderen wertvollen Bauten. Es bleibt wieder zu erinnern an die Nazibauten in der Ludwigstraße!
Ein großer Palast wurde aus dem Münchner Stadtbild ausradiert, der Verlust ist vergleichbar mit dem Verlust des Braunschweiger Schlosses oder der Bauakademie von Friedrich von Schinkel in Ost-Berlin, die beide nach dem Krieg der Diktatur des Unverstandes zum Opfer fielen.

»Maxvorstadt«
Mit ihren wichtigsten Bauten, von denen diejenigen grau eingetragen sind, die nach dem Zweiten Weltkrieg endgültig verlorengingen.

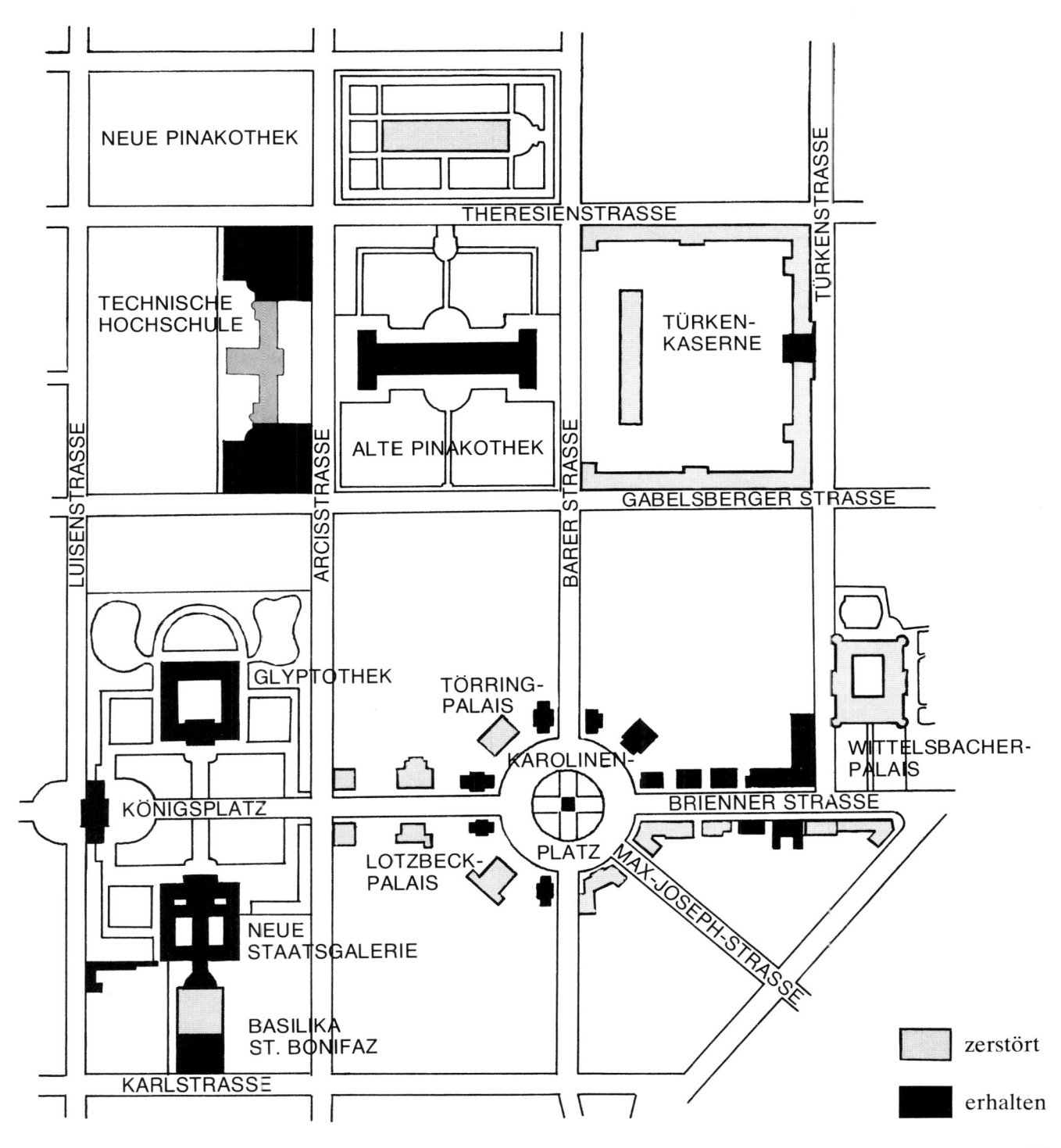

Die »königliche« Brienner Straße hat sich zur Straße von Bank- und Geschäftspalästen verwandelt, wie man weiter sehen wird.
Gegenüber vom Wittelsbacher Palais waren zwei Paläste zusammengebaut, Nr. 9 und Nr. 10. Der östliche Palast Nr. 9, von Klenze selbst oder aus seinem Büro stammend, war schwer zerstört und wurde selbstverständlich abgeräumt. Vom elfachsigen Palast Nr. 10 blieb lange Zeit die Fassade wenigstens stehen, dann wurde sie 1953 oder 1954, noch 8 oder 9 Jahre nach dem Krieg, niedergelegt. Ganz entzückend war der konsolgetragene Balkon mit dem schmiedeeisernen Geländer, das in der Mitte eine elegante Lyra zeigte. Selbstverständlich ist auch das auf dem Schuttplatz gelandet.

Der Ersatzbau, der anstelle des Palastes errichtet wurde, hat ein Stockwerk mehr, aber sonst nichts, was ihn dem verlorenen gleichwertig machen könnte. (Abb. links unten)

Von den nach Westen anschließenden Häusern Nr. 12, 13 und 14 war das erste Haus Nr. 12 noch vor dem Ersten Weltkrieg abgebrochen und ersetzt worden durch das »Böhlerhaus«. Ein Verlust ohne Zweifel, aber was heute keiner mehr kann und darum auch nicht wagen sollte, beherrschte Gabriel von Seidl noch vorzüglich. Sein Bau, eine künstlerische Meisterleistung ersten Ranges, fügt sich zwanglos in Rhythmus und Charakter der Straße ein. Ein allerletztes Mal gelang Vergleichbares vor dem Zweiten Weltkrieg Roderich Fick mit seinem Ärztehaus, das anstelle des Hauses Nr. 11 errichtet worden war. Nur was beim Böhlerhaus mit seinen Architekturformen der toskanischen Renaissance noch nicht so auffällt, wird beim Ärztehaus deutlich: Der von Roderich Fick bevorzugte Baucharakter des bayerischen und oberösterreichischen Klosterbaues bringt eine fremde Note in die frühklassizistische Straße. Doch beide Architekten hatten noch das Format, durch meisterliche Beherrschung des Metiers sich einzufügen in ein wertvolles »Ensemble« und neue Werte da zu setzen, wo historische bereits vorhanden waren.

Brienner Straße 13

Nr. 13 war eines der schönsten klassizistischen Palais der Frühzeit in München überhaupt. Es erscheint so ziemlich in jeder kunstgeschichtlichen Würdigung des Klassizismus und verdiente diese Wertschätzung zu Recht als ein Meisterwerk. Im Zweiten Weltkrieg brannte es lediglich aus wie so viele andere Häuser auch. Die Substanz blieb im Wesentlichen unversehrt. Trotzdem wurde es erst in den fünfziger Jahren abgebrochen und durch einen Neubau ersetzt, der damals – so kurzlebig kann das sein – eine sehr »moderne Architektur« war oder wenigstens sein sollte oder wollte. Eine Symmetrie, die trotzdem keine Mittelachse hat, dazu an die Fassade geklebte Natursteinplatten, Fahnenstangen und das unvermeidliche Flachdach sollten wohl Maßstäbe setzen, wie man in einer ehemals königlichen Straße »neue Akzente« setzen könnte.

Auch das palastartige Haus Nr. 14, westlich an das vorhergezeigte angebaut, war auch nur ausgebrannt.
Die Fassade, vergleichbar denen des Odeonsplatzes, war ausgezeichnet durch den von zwei Säulen getragenen Balkon zur Betonung des Portals. Selbstverständlich wurde alles abgeräumt.

Der Karolinenplatz vor dem Ersten Weltkrieg. Links die Einmündung der Brienner Straße.

Am Karolinenplatz

Der Karolinenplatz wurde von Karl von Fischer, dem führenden Architekten unter König Max Joseph I., als erster Rundplatz Münchens in den Zug der Brienner Straße eingefügt. Zur Innenstadt hin zwischen Brienner- und Max-Joseph-Straße füllte ein nobler Bau mit Mittelrisalit das ganze Grundstück. Er wurde nach der Kriegszerstörung gänzlich abgebrochen und 1952 durch den Neubau der Landesbausparkasse ersetzt. Dieser überschreitet die alten Baulinien durch ein Abwinkeln der Seitenfassaden in die Straßen hinein. Der klassizistische Grundcharakter wird damit gestört. In der architektonischen Haltung läßt er wie ein Innstadthaus mit Vorschußmauer keinerlei Rücksicht auf Idee und Gestaltung des Platzes mehr gelten.

Der Neubau der Landesbausparkasse zwischen Brienner Straße und Max-Joseph-Straße.

Auf den übrigen Grundstücken waren von Fischer im palladianischen Sinne repräsentative große Villen im Grünen errichtet worden, einige flankiert von kleinen Pavillons. Der Auftakt zur Romantik im Klassizismus war hier im ersten Jahrzehnt des 19. Jahrhunderts meisterlich geglückt.

Das Palais Asbeck, ein Bau von größter Schlichtheit, wurde 1896/97 für den Freiherrn von Lotzbeck tiefgreifend umgestaltet mit neubarocken Architekturformen. Im Zweiten Weltkrieg wurde es zerstört und später ersetzt durch das heutige Amerika-Haus, dessen dürrer Neoklassizismus die 50er Jahre nur zu deutlich erkennen läßt.

Zwischen Max-Joseph- und Barerstraße stand das 1822/23 von Métivier umgebaute Haus, das ebenfalls im Krieg zerstört wurde und dessen Nachfolgebau für die SKF ebensowenig Bezug nimmt auf den ehemals so schönen klassizistischen Platz.

Am Karolinenplatz

Törring-Palais. Entwurf von K. v. Fischer

1. Stadium der Zerstörung

Das Törring-Palais, das 1812 als »Hotel« des Kronprinzen Ludwig von Karl von Fischer errichtet wurde, überstand die Kriegszerstörungen am besten. Es war nur ausgebrannt und die rechte Außenachse zerstört. 1949 wurde eine weitere Achse abgebrochen und dann schließlich die gesamte Ruine.
Warum dann versucht werden mußte, den berühmten Karl von Fischer mit dem Neubau zu übertrumpfen, bleibt unerfindlich. In etwa könnte es so ausschauen, als wäre der alte Bau instandgesetzt worden. Aber der Ersatzbau der Staatlichen Lotterieverwaltung wurde ohne Not vergrößert, das Mezzaningeschoß, das früher über dem Erdgeschoß war, erscheint jetzt als oberstes Geschoß, die Verdachungen der Fenster des Hauptgeschosses sind kümmerlich zusammengeschrumpft, die Rustika im Erdgeschoß ist überhaupt entfallen. Der Säulenvorbau, der schon früher eine nachträgliche Entstellung des edlen Bauwerks war, wurde zwar wiederholt, nur daß jetzt die Säulen durch Stahlrohre ersetzt sind.
Außer den kleinen Seitenpavillons ist am Karolinenplatz von der Originalbebauung nichts mehr erhalten, wobei die wesentlichsten Verluste erst nach dem Krieg endgültig wurden!

Neubau der Staatlichen Lotterieverwaltung.

Törring-Palais im fortgeschrittenen Abbruchszustand.

Die Basilika St. Bonifaz von Westen – innen – nach der Zerstörung – heute.

Der Glockenstuhl wurde erst 1970/71 abgerissen, die Apsis konnte zum Teil erhalten werden.

Die Basilika St. Bonifaz

Vom Königsplatz war eingangs schon die Rede. In seiner Nord-Süd-Achse reihte sich in wahrhaft königlichen Dimensionen Bau an Bau: Die Basilika St. Bonifaz, in unmittelbarer baulicher Verbindung dazu die Neue Staatsgalerie, dann die Glyptothek, die Alte Pinakothek, die Neue Pinakothek. Ludwig I. wünschte nicht nur von markantesten Bauten von der Antike bis zur florentinischen Renaissance Abbilder in seiner Residenzstadt und in seinem Lande, er verband damit jeweils auch in höherem Maße Sinn und Bedeutung: Er, der mäzenatische Wiedererwecker der reinen klassischen Kunst war auch der Wiederbegründer der Kirchen und Klöster nach den Stürmen der Säkularisation.

Die unmittelbare Nachbarschaft von klassischer Kunst in der römisch-antiken Neuen Staatsgalerie mit benediktinischem Geist im neugegründeten Kloster St. Bonifaz und einer »Basilika« im Stil der frühchristlichen römischen Kirchen war damit ein »politisches« Programm, von seinen Zeitgenossen ebenso wie heute noch oft nicht verstanden.

St. Bonifaz, erbaut von Georg Friedrich Ziebland nach dem Vorbild von San Paolo fuori le mura in Rom, die Basilika Ludwigs I., war eine Schöpfung von wahrhaft klassischer Größe und Schönheit. Antike Welt und christliches Abendland in königlicher Verbindung: Nicht ohne Grund hat Ludwig I. die Basilika für seine letzte Ruhestätte bestimmt.

Freilich war die Kirche schwer zerstört. Professor Döllgast hat sich um ihre Rettung sehr verdient gemacht. Mit den Details ging er dann sehr eigenwillig um. Der nördliche Teil wurde immer mehr »zerredet«, bis er dann völlig zerstört wurde. An seiner Stelle wurde später von den Benediktinern ein moderner Bau errichtet.

Gleich dem Vorbild von San Paolo in Rom war die Basilika »fuori le mura«, vor den Mauern. Bis heute ist das noch zu spüren, weil der große Klostergarten erhalten ist. Was Wunder, daß das Kloster sich seit langem mit der Absicht der Verbauung dieses Gartens trägt!

Die Alte Pinakothek

Klenzes vollkommenstes Werk, der erste Galeriebau der Welt: wohl geordnet war die Abfolge von großen Sälen mit Oberlicht und kleinen Sälen mit Nordlicht. Im Süden begleitete die Flucht der großen Säle die »Loggia«, dem Wunsch des Königs entsprechend der Loggia des Raffael im Vatikan nachempfunden und dieser mit den »Groteskenmalereien« des Peter Cornelius nahekommend. Mit dem Ausblick über München bis hin zum Gebirge war dies der ideale Erholungsraum als Ergänzung zu den Sälen voller wertvollster Gemälde.

Die Zerstörungen waren schwer. Doch der Wiederaufbau sollte selbstverständlich sein.

Stattdessen wurde daraus eine Prinzipienfrage, die München in zwei Lager spaltete. Hans Eckstein in der Süddeutschen Zeitung war der Exponent derer, die die neue Zeit begriffen hatten und unbedingt Neues wollten. Vorsorglich wurde der Gartenraum südlich der Alten Pinakothek zum größten Schuttumschlagplatz des großen »Ramadama«, der Schutträumung von München. Der Schuttberg reichte zeitweise fast bis zur Gesimshöhe der Pinakothek, die im Zuge der Schutträumung dann mitverschwinden sollte. Nach dem Inferno der Zerstörung ein Inferno der Aufräumung.

Aber für die Rettung der Pinakothek hatten sich die Professoren Hans Döllgast, Friedrich Krauss und Alfred Zenns von der Technischen Hochschule in München nachhaltig eingesetzt.

Insbesondere aber bemühte sich der Münchner Rechtsanwalt Dr. Leo Samberger ebenso still wie erfolgreich um die Rettung, sodaß schließlich dem Abgeordneten und späteren Staatssekretär Dr. Franz Lippert die Rettung gelang, indem er die Bewilligung der ersten Mittel zur Sicherung der Ruine im Landtag erreichte. Das Für und Wider des Wiederaufbaus wurde in der Öffentlichkeit weiterhin noch heftig diskutiert.

Nach der Rettung wurde dann allerdings noch mehr zerstört, als nötig war. Weil Klenze angeblich nicht

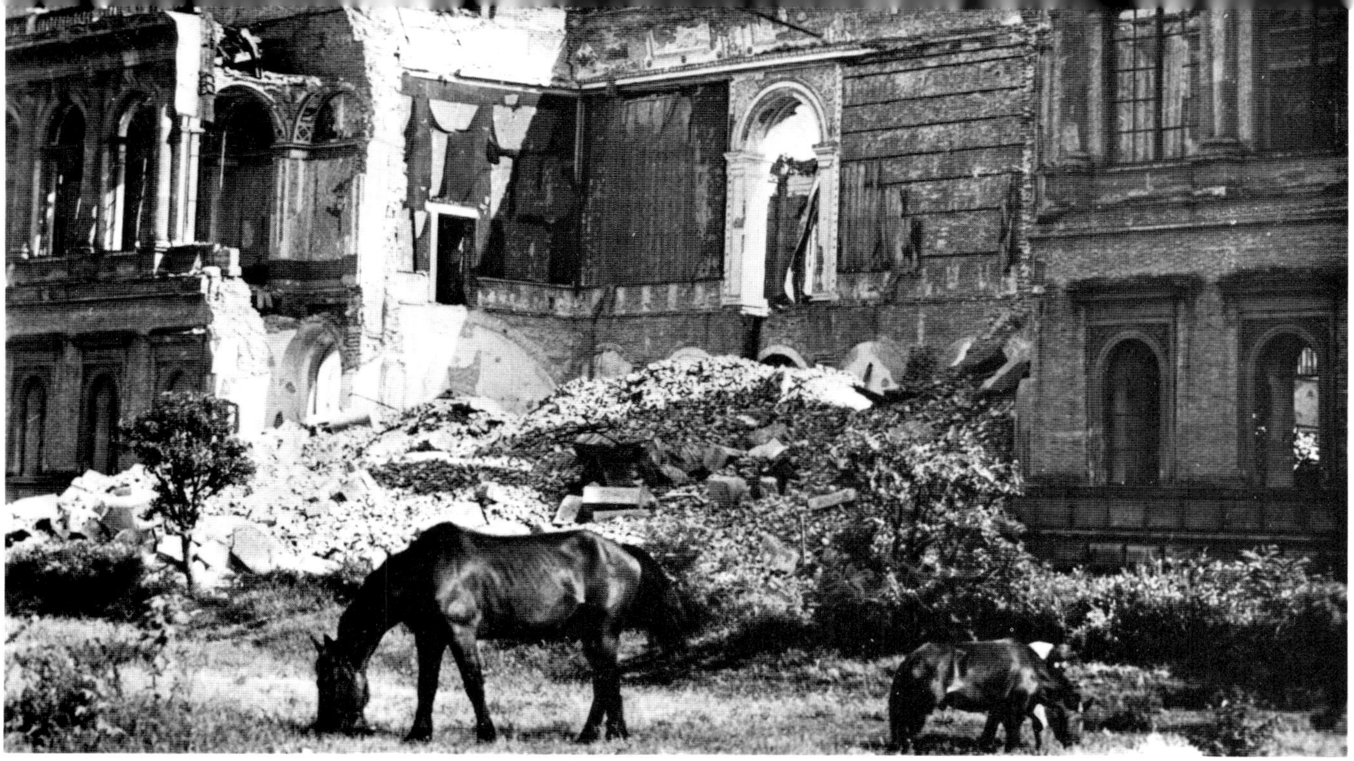
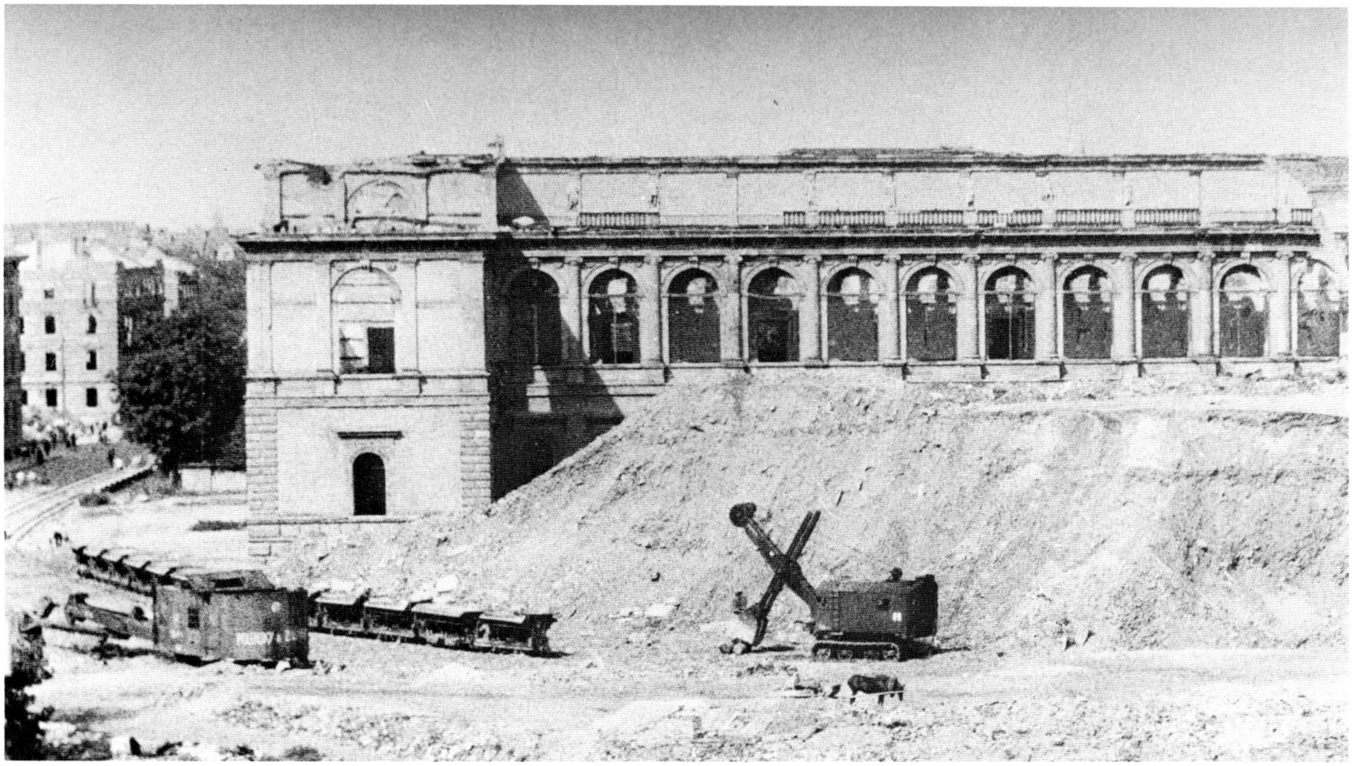
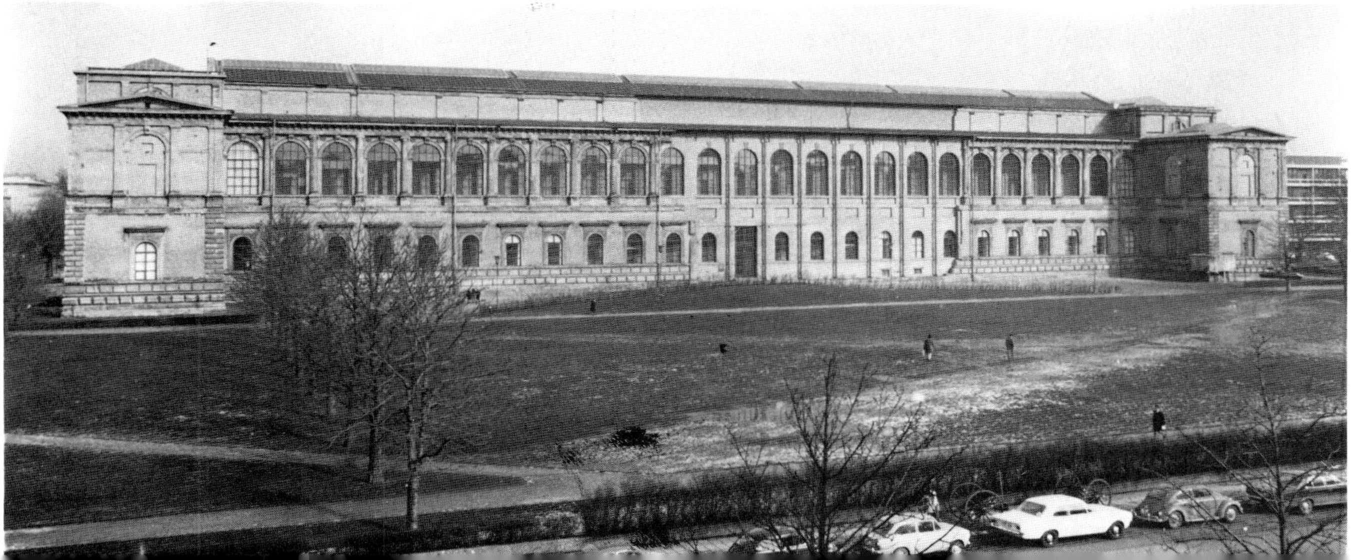

Die ehemalige Loggia der Alten Pinakothek *Die heutige Treppenanlage an der gleichen Stelle*

wußte, wie Treppen vernünftig anzulegen sind, ein Wissen, das man über das Werk Klenzes auch heute noch zu haben hat, und an der Südseite ein dreiachsiges Portal bestand, wurde die herrliche Loggia völlig ruiniert und zu einer pseudomonumentalen, doppelläufigen Schachttreppe mißbraucht. Dazu muß man wissen, daß der erste Teil dieser Treppe gleich zweimal gebaut wurde, denn zuerst war er noch kurioser ausgeführt worden und wurde aufgrund eines Votums des Landesbaukunstausschusses wieder abgebrochen. Dann wurden die Dächer falsch aufgesetzt, Ruinenromantik auch da getrieben, wo simple Ergänzungen möglich und richtig gewesen wären.

Das letzte Kapitel des Wiederaufbaus der Alten Pinakothek scheint noch nicht geschrieben zu sein!

Die Neue Pinakothek

Die Neue Pinakothek gehörte nach dem Willen ihres Schöpfers, König Ludwig I., zur großen Einheit der Kunstsammlungsgebäude Alte Pinakothek, Glyptothek, Königliches Kunstausstellungsgebäude (Neue Staatsgalerie). Der Bau, den A. v. Voit 1846–53 aus Privatmitteln des Königs errichtete, sollte »innen und außen ein Museum« und »die Ernte seiner (des Königs) opferwilligen Kunstförderung in Werken der lebenden Kunst der Gegenwart« werden – und wurde es. Die Neue Pinakothek war etwa im gleichen Maß zerstört wie die Alte Pinakothek. Völlig überschattet von der öffentlichen Ignoranz konnte sie sang- und klanglos abgerissen und als Steinbruch für den Wiederaufbau der Technischen Hochschule verwendet werden.

Die Neue Pinakothek vor und nach der Zerstörung

Das Forum der Technischen Hochschule, vor dem Krieg und heute

Der große Bereich um die Alte Pinakothek wurde im Westen einst glücklich ergänzt durch das Forum und die Bauten der Technischen Hochschule. Gottfried Neureuther, der den Mittelbau 1865–68 geschaffen hatte, bezog sich in Achse und Maßstab auf die Alte Pinakothek. German Bestelmeyer, der die Flügelbauten 1930 schuf und das Forum gestaltete, hatte seine Meisterschaft in der Einordnung erwiesen. Die Bauten waren ausgebrannt, die Fassaden erhalten. In der sicheren Voraussetzung, daß die Alte Pinakothek verschwinden würde wie die Neue Pinakothek, wurde 1950/51 das Forum verbaut und an die Stelle des Neureutherbaues ein viel zu hoher Riegel gesetzt. Der »Vorbau« wurde später auch noch erhöht. Eine der schönsten Platzschöpfungen des 20. Jahrhunderts in harmonischer Verbindung mit dem klassizistischen Charakter des Stadtbereiches ist für immer zerstört.
War das ein notwendiges Opfer?

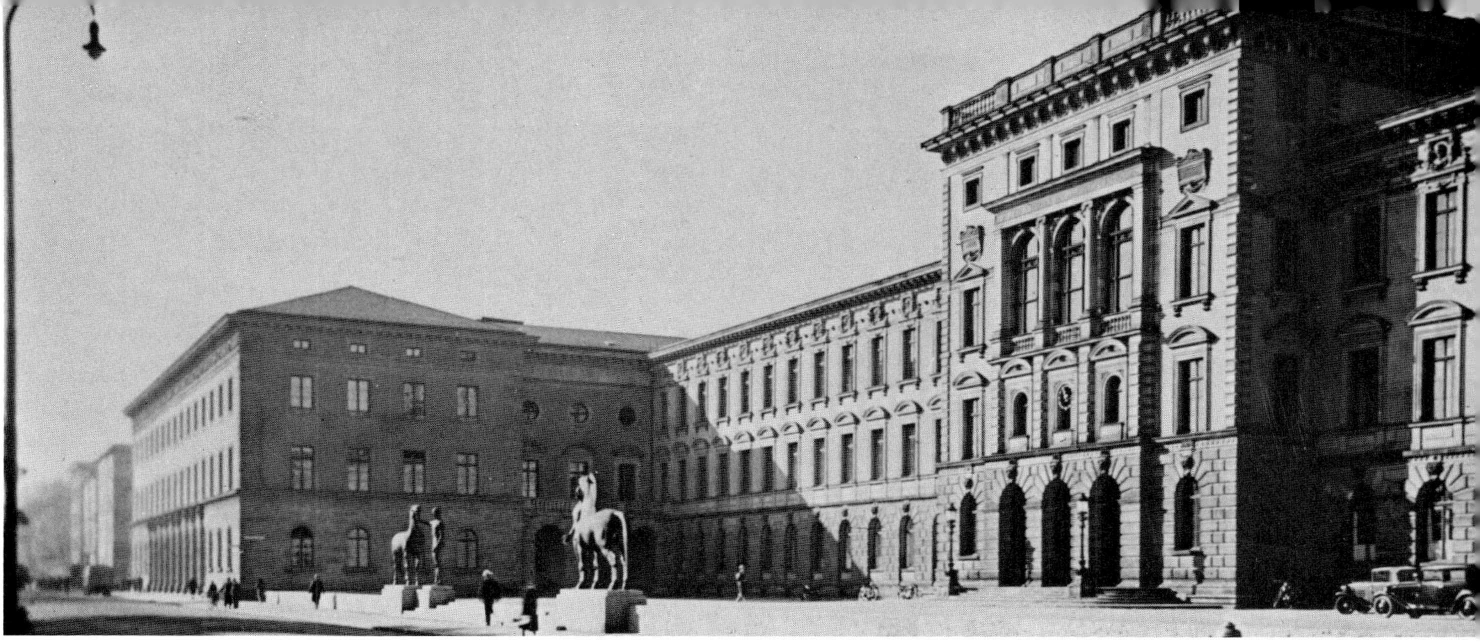

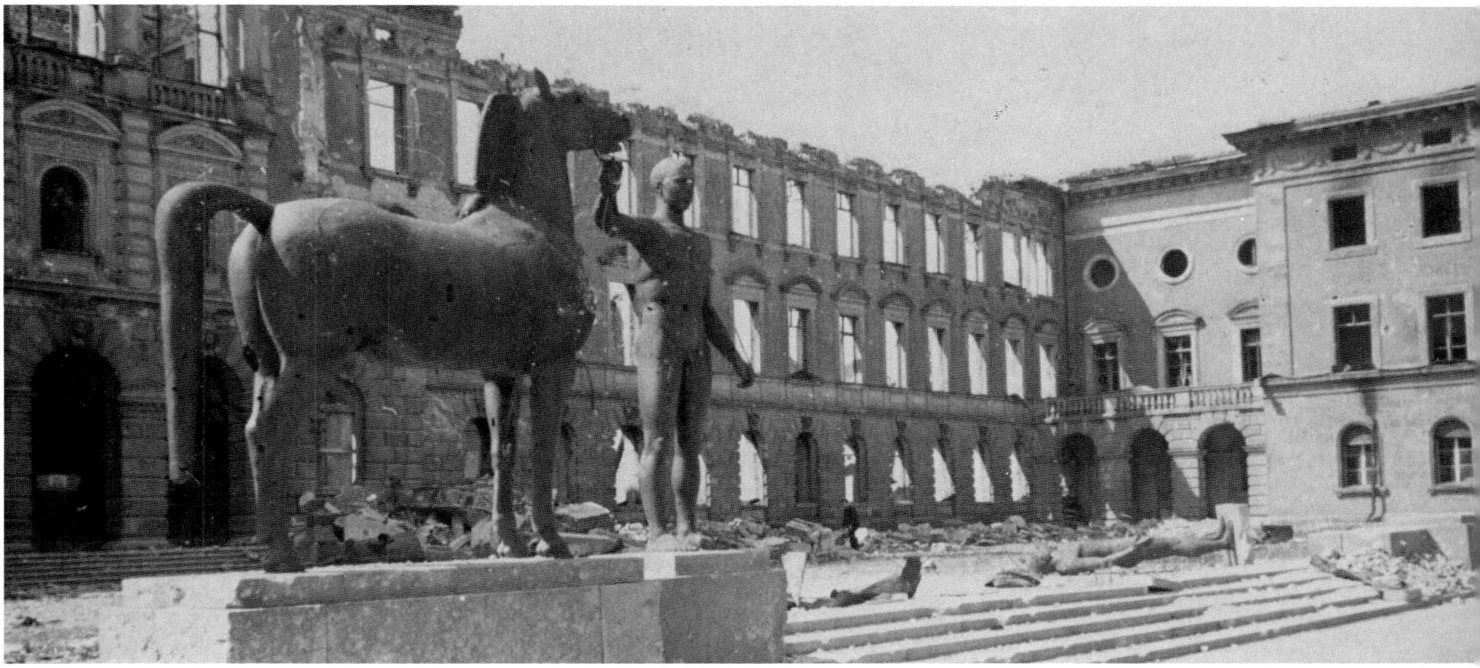

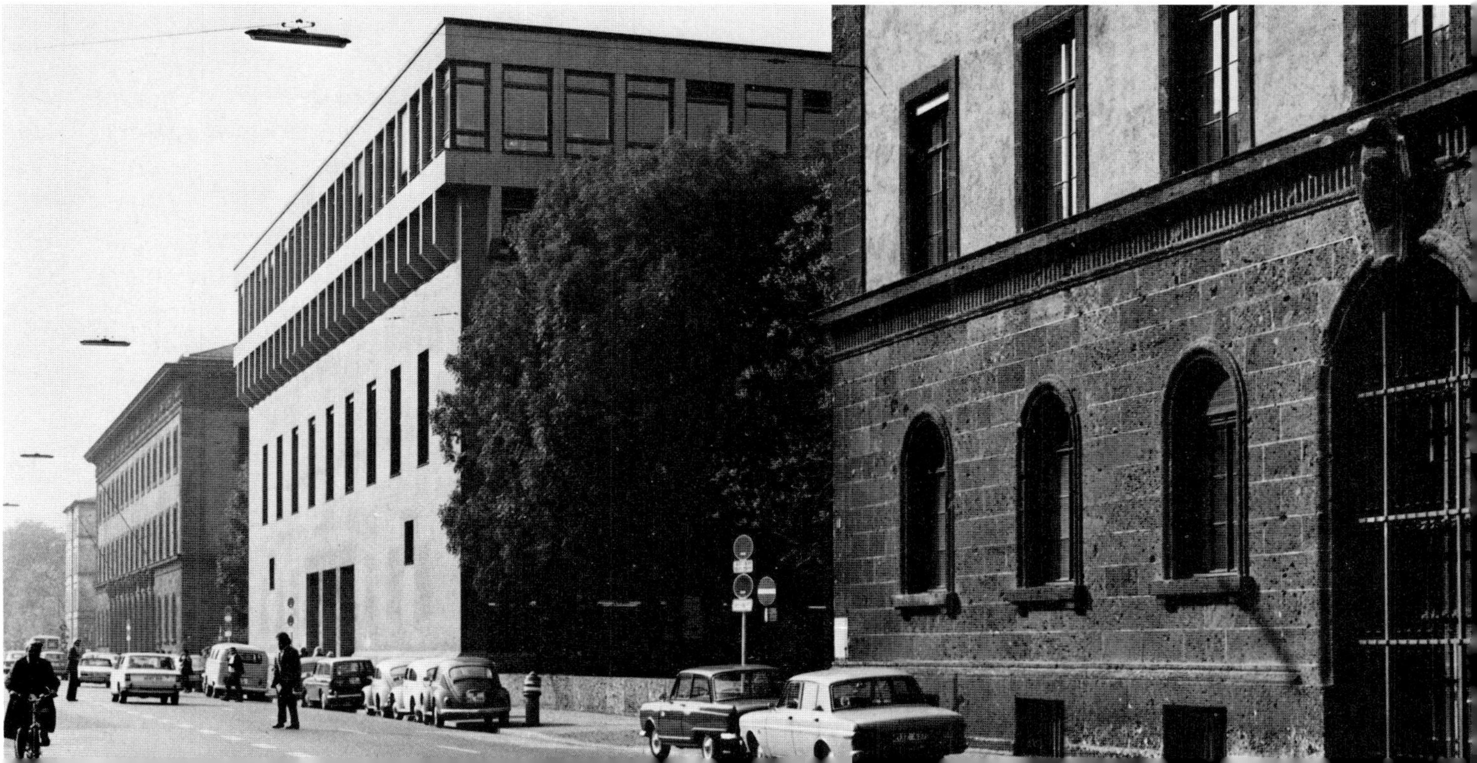

Luftaufnahme der Maxvorstadt vor 1933

Das Luftbild zeigt den nordwestlichen Sektor der klassizistischen Stadterweiterung, die unter König Ludwig I. Gestalt gewonnen hat. Von links unten nach rechts oben erkennt man die große Achse der Brienner Straße mit dem Königsplatz, dem kreisrunden Karolinenplatz und rechts oben in der Ecke das Wittelsbacher Palais. Links oben sieht man die beiden Pinakotheken mit den ihnen zugehörigen Grünflächen, dahinter, oben in der Bildmitte, das Areal der alten klassizistischen Türken-Kaserne.

Von rechts unten nach links oben verläuft die Süd-Nord-Achse des Königsplatzes, die mit der Basilika an der Karlstraße beginnt. Man erkennt ihren baulichen Zusammenhang mit der neuen Staatsgalerie, hat den Königsplatz mit den Rasenflächen inmitten, sieht dann das klassische Quadrat der Glyptothek mit dem Halbrund im Hintergrund, das ehemals von einer Bank eingefaßt war, und schließlich im Hintergrund die Technische Hochschule. Man sieht, wie der kreisrunde Karolinenplatz mit den einzelstehenden Villen besetzt war, wie hier also die romantisch klassizistische Idee paladianischer Villenarchitektur, geordnet um einen zentralen Platz, verwirklicht worden war.

Man erkennt ferner, daß die Stadt entsprechend ihrer ursprünglichen Anlage noch weitgehend durchgrünt gewesen ist und daß hier in einer geradezu beispielhaften Weise »Urbanität« verwirklicht war mit einer sinnvollen Durchmischung großartiger öffentlicher Bauten und reiner Wohnbebauung.

Die Propyläen markieren noch die ideelle Stadtgrenze, die hier einmal gezogen war und die nach links durch die Grünanlagen bei der Glyptothek, nach rechts bis zum großen Klostergarten von St. Bonifaz, eingefaßt mit Mauern, sichtbar geblieben ist.

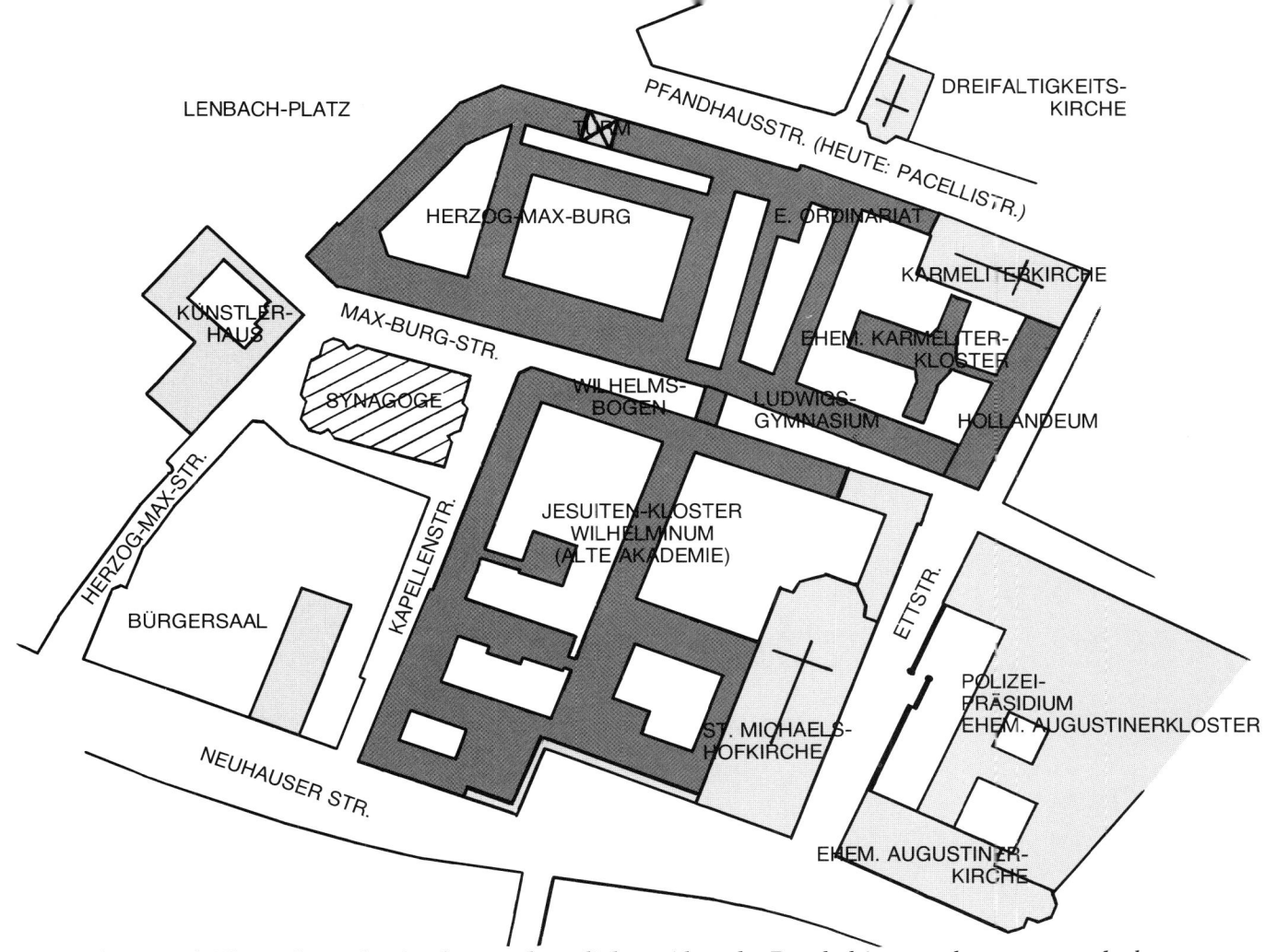

Der Palast- und Klosterkomplex in der nordwestlichen Altstadt. Dunkel ist angelegt, was nach dem Zweiten Weltkrieg abgerissen wurde, schraffiert die Synagoge, die 1938 zerstört wurde.

DIE ZERSTÖRUNG DER PALÄSTE INNERHALB DER ALTSTADT

Auch die Münchner Altstadt war eine Stadt der Paläste und außerdem eine Stadt palastgleicher Klöster. Westlich vor der Frauenkirche z. B. stand das große Augustinerkloster, der »Augustinerstock«, der nach seiner Größe durchaus den Palästen zugerechnet werden kann. Er wurde bereits vor dem 1. Weltkrieg durch das heutige Polizeipräsidium ersetzt. Lediglich die Augustinerkirche an der Neuhauser Straße, nach der Säkularisation mehrfach profan verwendet und verbaut, blieb erhalten und dient heute in ihren wesentlichen Räumen dem Deutschen Jagdmuseum. Wenn auch das Kloster vollständig verschwunden ist, so gelang es noch Theodor Fischer, dem großen Architekten, kurz vor dem 1. Weltkrieg gleichwertig und mit ausgewogener Qualität einen vollständigen Ersatz zu bauen. Wiederum westlich anschließend stand die Gottesburg des Wilhelminums, das Jesuitenkolleg mit der Michaelskirche als Kernstück. In engster Nachbarschaft und Verbindung dazu war nördlich die Herzog-Max-Burg – die neue Residenz, die sich Herzog Wilhelm V. in der frühen Renaissance errichten ließ, nachdem die »Neuveste« innerhalb der heutigen Residenz abgebrannt war und die Reste nicht mehr genügten. In Verbindung dazu war das Karmeliterkloster mit der Karmeliterkirche – das spätere Ludwigsgymnasium und das Hollandeum.

Ein ganzes Altstadtgeviert war ausgefüllt von machtvollen Baukomplexen. Welch ein Kontrast zur kleinmaßstäblichen, kleingeteilten bürgerlichen Altstadt! Und heute? Verschwunden ist fast alles, ausgelöscht Geschichte und Charakter. Für die Ausbreitung einer »City« wurden unverantwortlich große Opfer gebracht.

Blick vom nördlichen Frauenturm auf das Stadtviertel der Klöster und Paläste: Vorn Polizeipräsidium (ehemaliges Augustinerkloster), dahinter Michelskirche mit Alter Akademie, rechts davon Maxburg und davor das ehemalige Karmeliterkloster (vgl. Plan S. 75).

Die Alte Akademie

Das ehemalige Jesuitenkolleg Herzog Wilhelm V., das deshalb auch Wilhelminum genannt wurde, war wahrhaftig eine Gottesburg von europäischem Rang, Kernzelle der Gegenreformation nördlich der Alpen. Die Zerstörungen waren schwer, aber keineswegs so, daß man bis auf die wenig beschädigte Nord-Ost-Ecke an der Ettstraße mit dem Turmstumpf und die Fassade an der Neuhauser Straße alles hätte abräumen müssen!

Was wußte der bayerische Staat als Eigentümer mit diesem Komplex anzufangen? *Nichts!* Er verhökerte einen Teil an ein Kaufhaus. Welch glückliche und beziehungsreiche Lösung im »Geiste unserer Zeit«! Ein anderer Teil wurde für den Neubau der Landesbodenkreditanstalt freigegeben, der bedeutendste Teil hinter der Fassade an der Neuhauser Straße für das Statistische Landesamt verwendet. Dabei muß man wissen, daß diese Fassade auch noch schwer gefährdet war, nicht etwa durch drohende Einsturzgefahr, sondern durch Modernisten, die sich durchaus zutrauten, etwas Gleichwertiges aus dem »Geist unserer Zeit« (siehe oben!) neben die Michelskirche zu stellen. Nur die verzweifelte Bemühung von Prof. Blatner vom Landesamt für

Die Alte Akademie, das ehemalige Jesuitenkolleg »Wilhelminum« in der Neuhauser Straße nach der Zerstörung.

Denkmalpflege und später das selbständige Handeln des Architekten Schutzbier haben dies verhindert. Schutzbier sicherte die Fassade durch Errichtung großer Stützpfeiler, als die anderen noch über den Abbruch debattierten.

Die Reste der Alten Akademie, während des Abbruchs 1948 gezeichnet vom Gipfel des Schuttberges auf dem Gelände der Maxburg.
Die Überdachung der Michels-Kirche war bereits im Entstehen.

Auch an der Kapellenstraße standen noch wichtige Teile bis 1950 aufrecht. Der achteckige Turm an der Ecke Maxburgstraße und Kapellenstraße stand ebenso wie gewaltige Ruinen von römischem Ausmaß im Innern des riesigen Gevierts. Die Neubauten, die an die Stelle der Alten Akademie getreten sind, sind nicht schlecht, aber eine Gottesburg der Renaissance bilden sie nicht mehr. Weder vom Inhalt noch von der Erscheinung her.

Die Ruinen der Alten Akademie an der Kapellenstraße standen noch 1948. Dahinter Turm und Südseite der Maxburg.

Der gleiche Blick zum neuen Bankgebäude und zur neuen »Maxburg«.

Blick vom nördlichen Frauenturm auf Karmeliterkloster (Hollandeum und Ludwigsgymnasium) und Maxburg.

Die Herzog-Max-Burg

Die Herzog-Max-Burg wurde errichtet unter Herzog Wilhelm V. von Wendel Dietrich bis 1590, also etwa gleichzeitig mit dem Jesuitenkolleg als neue herzogliche Residenz, nachdem im Areal der heutigen Residenz die »Neuveste« 1580 abgebrannt war und der übrige Komplex nicht mehr als Residenz genügen konnte. Ein echtes Renaissanceschloß entstand, das mit seinen gelbschwarzen Fassaden den Zauber Italiens nach München brachte.

Es war keineswegs schwerer zerstört als etwa z. B. die Nazibauten in der Ludwigstraße. Im Gegensatz zu diesen wurde die Maxburg Stück um Stück abgeräumt, die Fassaden an der Pacellistraße 1951, also erst sechs Jahre nach Kriegsende. Nur der Turm blieb letztlich stehen, vor dem die Zerstörungswut noch Halt gemacht hat. Kommentar vieler Münchner damals wie heute war: »Den hätte man nun auch noch wegreißen können.«

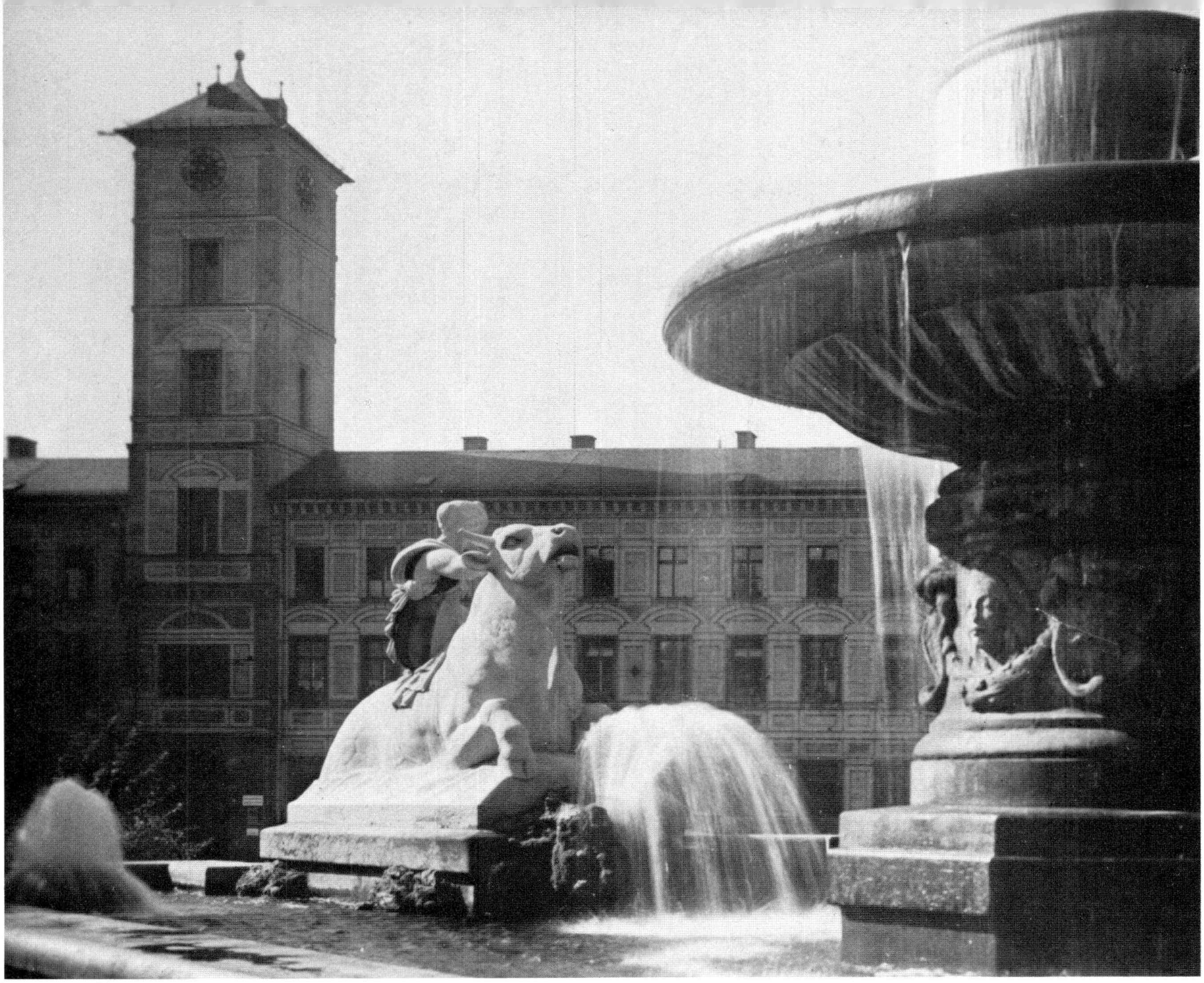

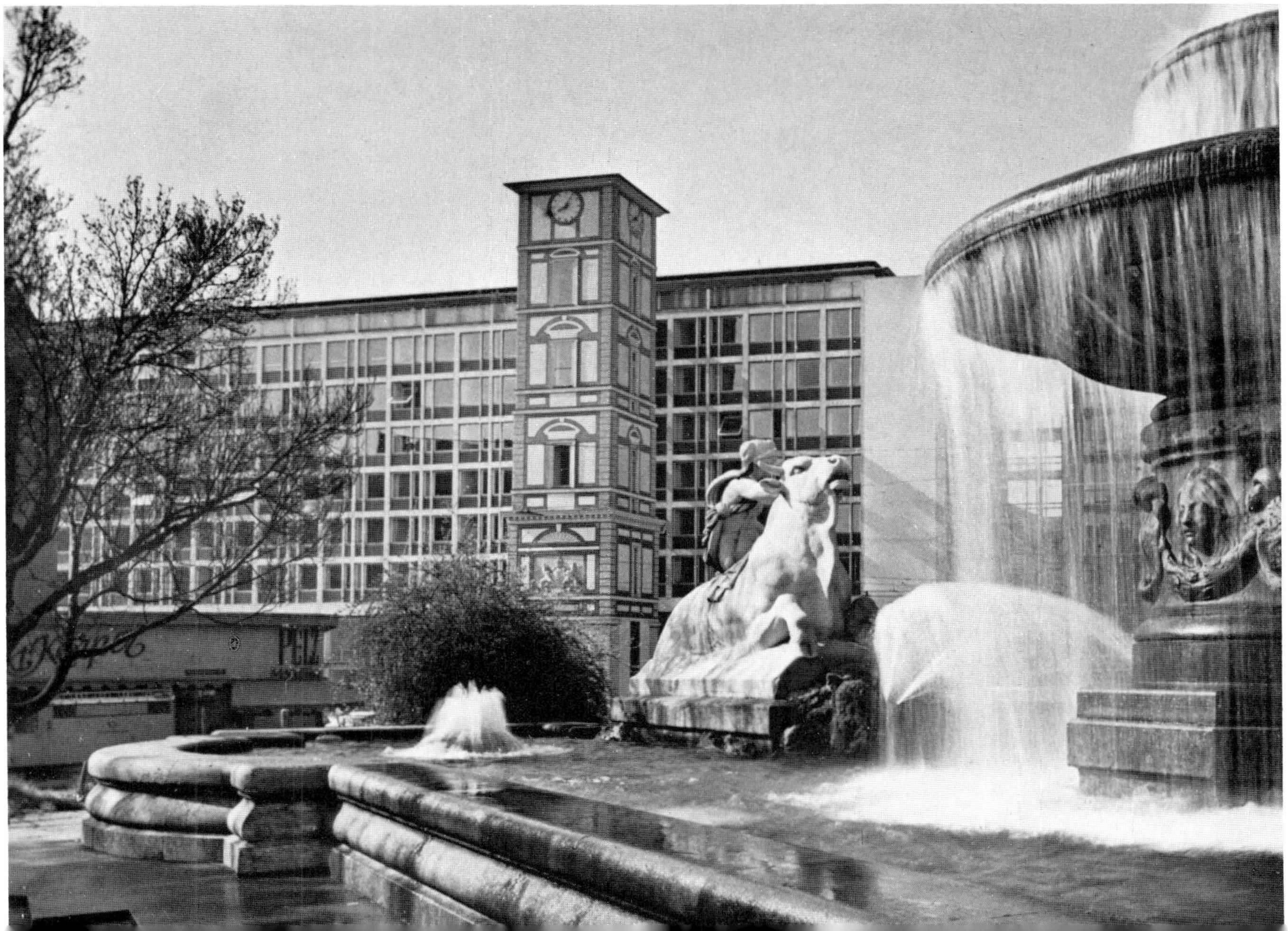

Aus dem Hof der zerstörten Maxburg. Vergleiche Seite 21: heutiges Landwirtschaftsministerium. Die Maxburg war im wesentlichen ausgebrannt. Die Fassaden standen weitgehend aufrecht.

Einsam steht der Turm auf dem abgeräumten »neugewonnenen Bauland«, das bis dahin als Trümmerumschlagplatz »genutzt« wurde.

1951 stand noch ein Rest der Fassade. Als man an verantwortlicher Stelle herausbrachte, daß gerade dieser Teil erst im 19. Jahrhundert errichtet wurde, war auch dessen Abbruch besiegelt.

Der Wilhelmsbogen von Osten (Blick zum Künstlerhaus) in der Maxburgstraße, mit der Büste Herzog Wilhelms V.

Der Wilhelmsbogen von Westen.

Die Herzog-Max-Burg, durchaus vergleichbar mit den Uffizien in Florenz, hatte der fromme Herzog Wilhelm V. durch einen Verbindungsbau an das Jesuitenkolleg anschließen lassen, um hierdurch in engster und ständiger Verbindung mit den Jesuiten leben zu können. Die weltliche und die geistliche Residenz waren sichtbar verbunden.

Die Michelskirche, der lichtdurchflutete Tempel der »ecclesia triumphans« der Gegenreformation, war die Krönung dieser für das München der Renaissance unerhörten und dominierenden und wahrhaft fürstlichen Baukomplexe. Nur sie ist nach den Zerstörungen wieder aufgebaut worden. Aber selbst sie mußte noch nachträglich Schaden leiden,

Die Maxburgstraße heute an gleicher Stelle. (Blick zum Künstlerhaus).

indem man nach der Wiederherstellung des großartigen Tonnengewölbes die erhaltenen Stukkaturen in den unteren Gewölbeabschnitten abschlug anstatt sie wenigstens als Fragment zu erhalten, und eine moderne Empore einbaute, deren Vorzug in der völligen Negierung der Architektur des Raumes bestehen soll. Seit 1979 ist die Wiederstuckierung und der Ersatz der Empore durch die Originale beschlossen und teilweise bereits ausgeführt! Die Moderne hat sich als sehr kurzlebig erwiesen.

Ettstraße, Blick von der Neuhauser Straße. Entwurfszeichnung von Theodor Fischer zum Neubau des Polizeipräsidiums (rechts). Das Gebäude mit dem schönen klassizistischen Giebel war das »Hollandeum«.

Der gleiche Blick heute.

Das Karmeliterkloster

Östlich an die Herzog-Max-Burg schloß in unmittelbarer baulicher Verbindung das Karmeliterkloster an, das nach der Säkularisation teils als Ludwigsgymnasium diente, teils als Erziehungsinstitut, das sog. »Hollandeum«. Das Kloster mit der Karmeliterkirche, der späteren Studienkirche, war wohl ein sehr schlichter Bau, darum aber nicht weniger wertvoll im Gefüge dieses Gevierts. Das Hollandeum hatte eine kostbare klassizistische Giebelfront zur Ettstraße. Theodor Fischer, der Schöpfer des neuen Polizeigebäudes, hat meisterlich auf die vorgegebene Situation Rücksicht genommen. Seine Zeichnung von 1913 ist Beweis dafür.

Ein letzter Teil des Klosters an der ehemaligen Pfandhausstraße, der heutigen Pacellistraße, diente dem erzbischöflichen Ordinariat. Es war nur ausgebrannt und die ganze Bausubstanz stand aufrecht. Das Areal jedoch wurde abgerissen und eingeebnet, mit Ausnahme der Karmeliterkirche, die aber unversehens auch noch unter die Spitzhacke hätte kommen können, wenn nicht bei der entscheidenden Besprechung der damalige Stadtbaurat Meitinger daran erinnert hätte, daß diese Kirche von der »Freimachung des Geländes« ausgenommen werden müsse. Das Kloster war von Kurfürst Maximilian I. gestiftet worden aufgrund eines Gelübdes, wenn die Schlacht am Weißen Berg gewonnen würde. Die Neuverbauung hat weder auf dieses Gelübde noch auf sonstige städtebauliche Beziehungen im mindesten Rücksicht genommen. Die Karmeliterkirche hatte die Säkularisation überstanden, wurde klassizistisch sehr fein überarbeitet und ausgestattet. Sie diente bis zum Krieg als Studienkirche.

Zerstört waren lediglich das Vierungsgewölbe und Teile des südlichen Querarms. Im Äußeren blieb die Kirche zum Glück erhalten. Mit dem Kirchenraum aber wußte das Erzbischöfliche Ordinariat nichts anzufangen. Er wurde aufgeteilt in drei verschiedene Abschnitte, mit anderen Worten, er wurde so verbaut, wie es schlimmer nach der Säku-

Karmeliterkirche nach der Zerstörung, Zeichnung von 1948.

88

larisation in gleich wertvollen Räumen nicht geschehen konnte. Vom Verbleib des klassizistischen Hochaltars z. B. gibt es keine Nachricht. Seitdem Kirchen beurteilt werden wie »gehende« oder »nichtgehende« Filialen von Kaufhauskonzernen, mehrten sich solche Verluste, die nicht in Kriegszerstörungen, sondern in der Krise der Kirche als Ordnungsmacht in Stadt und Land begründet liegen.

Das ehemalige Erzbischöfliche Ordinariat, Teil des alten Karmeliterklosters, war nur ausgebrannt und wurde für die Neuverbauung abgeräumt (rechts Maxburg mit Turm).

Die Karmeliterkirche nach der Zerstörung, links daneben das lediglich ausgebrannte Ordinariat.

Blick auf die Karmeliterkirche aus der Pacellistraße.

Der Innenraum nach der Zerstörung.

90

Die Alte Polizei – ehemaliges Kloster der Englischen Fräulein.

Hinter dem neuen Rathaus, von der Weinstraße bis zur Dienerstraße durchgehend reichte das ehemalige Kloster der Englischen Fräulein, von Enrico Zuccali 1698 errichtet.
Karl von Fischer hat im Klassizismus das Gebäude, das dann als Polizeidirektion diente, an den Fassaden etwas verändert und vor allem an der Weinstraße den kraftvollen Giebel aufgesetzt.
Dieser westliche Teil des Komplexes war verhältnismäßig heil über die Kriegszerstörungen gekommen und in seinen Mauern im wesentlichen erhalten. Dazu war ein sehr schönes Treppenhaus im Südwestflügel bis zum Abbruch bis oben hin begehbar geblieben.

In Warschau z. B. wäre es undenkbar gewesen, so wertvolle Substanz zu vernichten. Für unseren Stadtrat war es lediglich eine Frage rationeller Schutträumung, der dieser Bau geopfert wurde.
Natürlich stand im Hintergrund der Maßnahme auch die Absicht, die Weinstraße, die an dieser Stelle sehr charakteristisch verengt war, »aufzuweiten« und dem Verkehr »Luft zu schaffen« – heute längst ein totaler Irrtum, nachdem die Weinstraße in diesem Bereich bereits Fußgängerzone geworden ist. In Polen und anderen osteuropäischen Ländern wäre ein so wichtiger Bau selbst bei totaler Zerstörung fraglos wieder in originaler Form errichtet worden. Bei uns wurde abgeräumt. Dafür weiß man bis heute nicht, was mit diesem teuren »Bauplatz« getan werden könnte.

Maffei-Palais, vor und nach der Zerstörung – und was heute an der gleichen Stelle steht.

Wie mit den Adelspalais aufgeräumt wurde

Im Kreuzviertel, dem nordwestlichen Quadranten der Altstadt, der der Residenz benachbart ist, hatte im Barock der Adel seine Paläste, die typischen »Palais« errichtet und damit diesem Viertel eine Note ganz besonderer Art gegeben, kostbar und heiter, nobel und liebenswert.
Heute ist dieses Viertel weitgehend kommerzialisiert, und nur wenige Fragmente der ehemaligen Schönheit konnten überdauern.

Das Maffei-Palais (erbaut um ca. 1685; die Fassade erst 1951 abgerissen) am Promenadeplatz war bis auf die Fassade zerstört worden, aber diese stand und war lange Jahre provisorisch gesichert. Warum sie letztlich doch zerstört wurde? Das Baurecht, das hier 5 Stockwerke zuließ, sprach gegen den Wert der Schönheit, obwohl sich auch damals schon durch Umsetzung des Baurechts auf andere Grundstücksbereiche durchaus Möglichkeiten hätten finden lassen, bei nur einigermaßen gutem Willen, der hier insbesondere dem Eigentümer zuzutrauen und zuzumuten gewesen wäre, die Fassade zu retten.

Bank für Gemeinwirtschaft

Das Törring-Palais – die Hauptpost, an der Residenzstraße/Max-Joseph-Platz, 1747 von Ignaz Gunetzrhainer erbaut, hatte von Klenze an der Max-Joseph-Platz-Seite die Fassade mit der großen Loggia erhalten. Trotz des Wunsches König Ludwig I. gegenüber seinem Königsbau der Residenz einen florentinischen Palastbau zu sehen, der der Loggia d'Ospedale degli Innocenti verwandt ist, war es möglich, die herrliche Hauptfassade des Barockpalais voll zu erhalten und einzubeziehen. Diese Fassade war im Krieg nur teilweise zerstört, so daß ein Wiederaufbau nicht nur möglich, sondern zwingend erforderlich gewesen wäre. Stattdessen hat die Post, amusisch und geschäftstüchtig, ein Stockwerk mehr gefordert und bekommen. Was entstanden ist, ist wiederum ein Gebilde, das bei allem ängstlichen Kleinmut doch den arroganten Anspruch auf Neu- und Ebensogutkönnen nicht verleugnen kann. Um sich ein Alibi zu schaffen, wurde das viersäulige Portal abgetragen und in der Schalterhalle im Gebäudeinnern völlig deplaziert neu errichtet. Der neue Haupteingang an gleicher Stelle mit den vier Einschußlöchern darüber zeigt den Kulturverfall, der hier geradezu penetrant demonstriert wird.

Einige Häuser weiter in der Residenzstraße, gegenüber der Residenz, war die reizende Fassade des Hauses Nr. 21 stehen geblieben. Klar, daß sie der Schutträumung zum Opfer fiel.

In der *Theatinerstraße* stand ein Palais neben dem anderen. Das Bild der Straße zeigt, daß die Fassaden der Paläste, die hier einer am anderen standen, im wesentlichen erhalten geblieben sind. Trotzdem existiert heute keine einzige mehr davon, obwohl diese Gegend als eine der wertvollsten Geschäftsgegenden auch die wirtschaftlich stärksten Grundeigentümer zu verzeichnen hat.

Gerade hier ist ein Verlust an wertvoller Substanz eingetreten, der zu einer eklatanten Verarmung der Münchner Altstadt in ihrem wertvollsten Viertel geführt hat. Zu den schönsten Palais gehörte das *Miehlich-Haus,* Nr. 10, das seinen Namen bewahrt hatte vom Renaissancemaler Hans Miehlich, der es einmal besessen hatte. 1612 in den Besitz der Grafen Törring-Jettenbach übergegangen, erhielt das Haus die wundervolle Rokokofassade um 1740, möglicherweise ebenfalls von Gunetzrhainer.

Die Aufnahmen zeigen Stationen der Zerstörung. Noch vor dem 1. Weltkrieg wurden im Erd-

Miehlich-Haus in der Theatinerstraße, ca. 1935 – 1945 – 1955.

geschoß Läden eingebaut, denen das Portal und die Fenster zum Opfer fielen. In den dreißiger Jahren wurde das Erdgeschoß erneut und nun nachhaltig zerstört. Der Krieg ging fast gnädig, könnte man sagen, mit dem Haus um, denn die Fassade war so gut wie unversehrt. Erst die Hypobank ließ Anfang der fünfziger Jahre das Grundstück ganz räumen und durch den Neubau ersetzen.

Der Neubau an gleicher Stelle.

Nicht viel anderes geschah mit dem *Palais Piosasque de Non,* erbaut 1728 von François Cuvilliés, Theatinerstraße 16. Fassade um Fassade wurde nach dem Krieg teils von der Bauwacht auf Anordnung der Amerikaner, teils von der Schutträumung beseitigt.

Das *Haus Dienerstraße 21,* erbaut für den Bürgermeister Joseph Anton von Schönberg, möglicherweise durch Johann Michael Fischer, dessen Gönner Schönberg war (Zitat nach Erdmannsdorffer), war stark beschädigt, doch die höchst wertvolle Rokokofassade stand nach dem Krieg noch viele Jahre aufrecht. Das Erdgeschoß war lange vor dem Krieg verändert worden, um für Schaufenster Platz zu machen. Ausgerechnet dieses Geschoß ist das einzige, das in den Neubau mit einbezogen wurde. Die Fassade, was könnte man sich anderes denken, wurde selbstverständlich zerstört. Dabei waren Achsenabstand und Stockwerkshöhen absolut geeignet, auch modernen Bedürfnissen zu dienen. Denn so groß ist der Unterschied zwischen heute und gestern beileibe nicht.

ROSNER & SEIDL

Rosner & Seidl
Rosner & Seidl
Wäschehaus Rosner & Seidl
21

∧
An der *Salvatorstraße,* zwischen Theatiner- und Kardinal-Faulhaber-Straße, stand ein entzückendes kleines Rokokopalais. Von der Fassade war ein Stück geblieben. 1948 hatte man das Portal noch stehenlassen, offenbar eine Regung, nicht alles auf einmal abzuräumen. Doch schließlich ist auch dies in irgendeinem Schuttberg verschwunden.

Hier sei nun einmal ein Vergleich erlaubt mit Warschau, dessen Wiederaufbau nach einer furchtbaren Vernichtung weltberühmt geworden ist. Zwei Fotos zeigen den gleichen Blick (Abb. rechts). Viele Häuser waren mindestens so schwer zerstört wie die Palais in München. Daß auch eine andere Einstellung zu Fragen des Wiederaufbaus möglich gewesen wäre, hat Polen bewiesen. Daß München bei aller Anerkennung seines Wiederaufbaus im Ganzen ungleich reicher hätte bleiben können, ist ein historisches Faktum. Nicht wirtschaftliche Zwänge, nicht Verkehrsfragen, nicht die Auswirkungen des verlorenen Krieges haben bei uns zahllose wertvollste Substanz bedenkenlos vernichten lassen, sondern ein neuer Geist, mit dem sich eine moderne Zukunft herbeireden und eine »Bewältigung der Vergangenheit« hoffen ließ, von der sich so viele so gerne wegschwören wollten, stand in weiten Bereichen des Wiederaufbaus Pate und hat seine Spuren auch in dem hinterlassen, was er vernichtet hat.

Warschau – die Altstadt nach der Zerstörung und nach dem Wiederaufbau 1954.

Die staatliche Münze und der Eingang zum Alten Hof am Hofgraben — vor der Zerstörung, nach der Zerstörung und nach dem Wiederaufbau.

102

Der Alte Hof mit dem Renaissancegiebel vor der Zerstörung.

Der gleiche Bau während des Abbruchs.

Selbst im *Alten Hof,* der ältesten Wittelsbacher Residenz in München, ging ein Palastbau verloren! Der Nordostflügel war der einzige Bauteil aus der Renaissance, dessen reicher Giebel und herrliche Gewölbe erhalten geblieben waren. Selbst 1948 noch hätte man eigentlich nur den Dachstuhl neu eindecken müssen, um den Bau im wesentlichen zu sichern. Stattdessen hatte die staatl. Finanzverwaltung offenbar das dringende Bedürfnis, hier dem Alten Hof endlich auch einen »Bau unserer Zeit« hinzuzufügen. Doch wie rasch sich die Zeiten ändern, wurde gerade im Alten Hof bewiesen: Die Wiedererrichtung des 1813 abgebrochenen Turmes über der Durchfahrt zur Burgstraße im Jahr 1968 ist ein großes Verdienst der Finanzbauverwaltung, das leider fast unbemerkt geblieben ist, aber trotzdem neue Maßstäbe gesetzt hat.

Dagegen bleibt die Neuerfindung des nördlichen Hofzugangs am Hofgraben, also neben dem verlorengegangenen Renaissancebau fragwürdig, weil hier eine Sprenglücke zur städtebaulichen Neugestaltung Anstoß gab, was zum Verlust der schönen kraftvollen Fassaden des nordwestlichen klassizistischen Neubaues an dieser Stelle geführt hat. Heute ist ihm anachronistisch ein Mittelalter aufdekoriert, das es früher so nie gegeben hat.

ZERSTÖRUNG DURCH STADTPLANUNG
ODER
DER ALTSTADTRING NORD-OST

Die Zerstörung der Städte als Chance: In allen zerstörten Städten war dieser Slogan – unter vielen anderen – Leitmotiv der Wiederaufbauüberlegungen. Kein Wunder, daß er sich in vielen Köpfen bis zur Ideologie gesteigert hat. Das Gewinkel abräumen, Licht und Luft schaffen, verkehrsgerecht planen – autogerechte Stadt –, Wunschbilder, wie so vieles damals importiert aus Amerika, galten als Eckdaten des Fortschritts so sehr, daß unzerstört gebliebene Städte wie z. B. Regensburg oder Heidelberg mit dem Schicksal haderten, das ihre Städte verschonte, und späterhin wie in Regensburg nachhaltig bemüht waren, die Segnungen der Zerstörungen auf andere Arten nachzuholen, die da hießen Verkehrserschließung, Flächen- oder Blocksanierung, Entkernung usw.
Ein Schulbeispiel mit vielen Phasen wurde in München durchexerziert, das begonnen hat mit der Planung des Altstadtrings.
Auch wer nicht das Bedürfnis hatte, sich mit Stadtgeschichte zu beschäftigen, wußte, daß in München nach der Schleifung der Bastionen und Stadtmauern zu Beginn des vorigen Jahrhunderts, die Vervollständigung einer Ringstraße um die Osthälfte der Stadt »vergessen« worden war. Brienner Straße, Ludwigstraße und Maximilianstraße führten auf die Innenstadt zu, keine hatte eine verkehrsgerechte Fortsetzung: Die Brienner Straße endigt spätestens am Hofgartentor, die Ludwigstraße an der Feldherrnhalle, die Maximilianstraße am Altstadtrand des Max-Joseph-Platzes. Der Süd-Ost-Quadrant zwischen Maximilianstraße und Lindwurmstraße war von der Altstadt aus gewachsen, ohne Raum zu lassen für eine Folge großer Straßenräume, wie sie im westlichen Bereich mit dem Maximiliansplatz, Lenbachplatz, Karlsplatz, der Sonnenstraße und Sendlinger Torplatz entstanden waren. Insbesondere das Lehel, der alte Vorort, der sich vom Englischen Garten bis zum Isartor, von der ehemaligen Stadtmauer bis zur Isar ausdehnt, war auf das engste mit der Altstadt verflochten.
Das anschließende Gärtnerplatzviertel – vom Isartor bis zum Sendlinger Tor – war als geplante Vorstadt aus der ersten Hälfte des 19. Jahrhunderts so eng wie möglich mit der Altstadt verknüpft. Nur die Blumenstraße wurde so etwas wie ein kleiner Boulevard, der aber auch nicht weiter führt, sondern mitten im Viktualienmarkt endigt.
Nun lag es durchaus nahe, die schweren Kriegszerstörungen zu nutzen für den städtebaulich wertvollen Gedanken, den Ring um die Innenstadt zu ergänzen. Doch schwierigste Barrieren standen dem entgegen, vor allem das Forum der Maximilianstraße.
Den ersten Plan hat der damalige Stadtbaurat Karl Meitinger gefertigt, als ausgezeichneter Architekt mit äußerstem Takt und mit verständnisvollem Eingehen auf die historisch vorgegebene Situation. Er hat nicht eine Verkehrsschneise schlagen wollen, sondern städtebauliche Räume aneinander gekettet, hätte das Forum der Maximilianstraße in äußerst schonender Weise gekreuzt und durchaus neue städtebauliche Werte hinzugewonnen.
Die Verkehrseuphorie der späteren Jahre hat schließlich zu monströsen Planungen geführt, die noch dazu vom Anspruch getragen waren, für München mit dieser Maßnahme so etwas wie einen »Wiener Ring des 20. Jahrhunderts« zu schaffen. Es spielte bei den Planungen kaum eine Rolle, daß dieser Hypotrophie ganze Stadtbereiche geopfert werden sollten und daß man durchaus willens war, auch den ganzen westlichen Teil des Forums der Maximilianstraße zu opfern, von dessen Wert die Stadtbauverwaltung noch bis vor wenigen Jahren nicht überzeugt werden konnte.
Es wurde ein Phänomen der Münchner Planungsgeschichte der Nachkriegszeit, daß mit dem immer weiteren Ausgreifen der Planungen auch immer mehr ein öffentlicher Widerstand sich zunächst regte und schließlich formierte in der ersten großen sog. »Bürgerinitiative«, die die Planungsdiktatur der öffentlichen Hand in die Schranken forderte, in

Das Forum der Maximilianstraße heute aufgerissen durch die Kreuzung mit dem Altstadtring.

die Verteidigung trieb und einen recht wirksamen Schrecken verbreitete, der ernüchternd wirkte und schließlich zum Umdenken Anstoß gegeben hat.
Nach der ersten Phase des Wiederaufbaus war die zweite der Planung gefolgt mit dem Stadtentwicklungsplan, dem sog. »Jensen-Plan« von 1963, und dem Generalverkehrsplan. Die dritte Phase sollte zum großen »Stadtumbau« werden, der in 30 Jahren alle großen Projekte in die Wirklichkeit umsetzen sollte, die unterirdischen Massenverkehrsmittel, die Tangentenringe, von denen der Altstadtring der Innerste werden sollte, die beiden Isarparallelen, die Umstrukturierung von ganzen Stadtvierteln von »Glasscherbenvierteln« (so damals die amtliche Meinung über viele alte innerstädtische Wohngebiete), zu Kerngebieten und vieles mehr, und das alles noch angeheizt durch die ungeheure Schubkraft der nach München geholten Olympischen Spiele des Jahres 1972, die unter dem Druck der Termine und Zwänge jedes weitere Nachdenken über Wert oder Unwert der Planungen als unerwünschtes Hemmnis geradezu feindselig aus offizieller Sicht betrachten ließ.
Um so erstaunlicher ist das Phänomen, daß es in wenigen Jahren verhältnismäßig kleinen Kreisen engagierter Bürger, zusammengeschlossen im »Münchner Bürgerrat« und im »Münchner Bauforum«, dessen Existenz zur Gründung des »Münchner Diskussionsforums für Entwicklungsfragen« geführt hat, in der »Schutzgemeinschaft Isaranlagen« und anderen gelungen ist, einen völligen Bewußtseinswandel in der Öffentlichkeit herbeizuführen. Gewissermaßen mitten in der Schlacht konnte eine völlige Umkehrung der Fronten erreicht werden mit dem Ergebnis, daß zwar einige Anfänge monströser Planungen noch verwirklicht wurden, das allerschlimmste aber doch verhindert werden konnte, wie z. B. der Altstadtring Süd-Ost, die Isarparallelen West und Ost, von denen nur noch die abscheuliche Unterführung westlich der Bogenhauser Brücke ausgeführt wurde, die Tangentenkreuzung Gabelsberger Straße / Barerstraße mit der Aufweitung der Ottostraße zum Stachus und vieles andere mehr, was hoffentlich für immer in den Schubladen verschwunden bleibt.

Eine Kardinalzerstörung war aber bereits zur vollendeten Tatsache geworden: der Durchbruch durch das Forum der Maximilianstraße. Die vollständig intakte Südseite des Forums wurde abgerissen, eine totgeborene riesige Fußgängerunterführung unter dem Forum geschaffen, das damit seinen großartigen Boulevardcharakter verloren hat. Aber kaum war die Verwüstung betoniert, begann in der öffentlichen Diskussion die Forderung immer stärker zu werden, das Forum wieder zu schließen, den Altstadtring zu überbauen. Schließlich mußte 1972 in einem städtebaulichen Wettbewerb die Kreuzung für eine Umplanung freigegeben werden. Aber noch wehrte sich das Establishment, das für die Zerstörungen ebenso verantwortlich war wie als Jury für die Beurteilung der Ergebnisse. Der Vorschlag der originalen Wiederherstellung, die mit Hilfe der bereits zur Hälfte gebauten Untertunnelung möglich gewesen wäre, wurde grundsätzlich abgelehnt. Noch hoffte man, durch diesen Richterspruch die Wiederherstellung des Forums verhindern zu können.
Aber die Bemühungen gingen und gehen weiter mit bald 20jährigen Anstrengungen, zuerst die Zerstörung zu verhindern, dann das Übel gering zu halten und schließlich die Heilung der Wunden zu versuchen. 1977 wurde ein neuer Bebauungsplan beschlossen, der als sogenannte »Regierungslösung« (weil von der Regierung von Oberbayern angeregt) die Verschmälerung des Ringes um etwa die Hälfte zur Folge hatte. Die beträchtliche Veränderung des Straßenabschnittes auf ca. 200 m Länge (!) wurde 1979–80 ausgeführt, kaum 10 Jahre nach der Erbauung des Ringes, mit der Begründung, daß der Altstadtring Süd-Ost nicht mehr gebaut werde!
Nur zur ganzen Schließung konnten sich die Verantwortlichen nicht durchringen.
Der großangelegte Stadtumbau endigte vorzeitig in einer Phase der Heilung verheerender Wunden. Sie muß fortgesetzt werden und darf nicht in einer »Halbheit« irreparabel steckenbleiben.

Zeichnung von A. v. Branca in der Süddt. Zeitung.

Zeichnung von A. v. Branca für die südliche Außenseite einer neuen Überbauung.

Der Architekturkritiker Peter M. Bode hatte am 9./10. 3. 1968 in der Süddt. Zeitung einen mutigen Vorstoß unternommen in der Frage der Gestaltung des Durchbruchs des Altstadtrings durch das Forum der Maximilianstraße. Architekt Alexander Freiherr von Branca hatte dazu die Anregung für die Überbauung mit Arkaden gegeben und dies in seiner Zeichnung dargestellt. Damals wurde ein Umdenken eingeleitet, das es möglich machte, endlich den Vorrang des Forums vor jeder anderen Absicht deutlich zu machen und auf eine Schließung der geschlagenen Lücke hinzuarbeiten.

Zahlreich variierte Studien, Arkaden mit der originalen oder einer weitgehend angenäherten Bebauung zu verbinden, haben zum Erfolg geführt, daß nun inzwischen wenigstens die Hälfte des Durchbruchs wieder in weitgehend originaler Form geschlossen werden soll.

Die völlige Schließung entsprechend dem zerstörten Original ist jedoch anzustreben und nur möglich durch die Untertunnelung des Forums, die schon vor 10 Jahren z. T. gebaut, aber dann nicht fortgeführt wurde.

Vorschlag und Zeichnung Verfasser aus dem Jahr 1975 über die vollständige Schließung mit Arkaden für die westlichen Fahrspuren des Altstadtrings.

Maximilianstraße: Die intakte Südfront am Forum, die für den Altstadtring abgerissen wurde. Links das Völkerkundemuseum, dessen schlichte Nebenseite nun als Schauseite nicht dienen kann.

Auch im engen Teil der Maximilianstraße zwischen Max-Joseph-Platz und Forum wurden Fehler über Fehler gemacht – nach dem Krieg!
Statt flacher Walmdächer wurden steilere Satteldächer aufgesetzt, die wichtigen Konsolgesimse wurden einfach vergessen, weil niemand wußte, daß diese bedeutungsvoll zur Architektur gehören, falsche neue Fenster einzusetzen ist ohnehin eine Mode der neuen Zeit (Abb. rechte Seite unten).

Am Arkadenbau gegenüber dem Nationaltheater, der so schön vom Max-Joseph-Platz zur hohen Bebauung der Maximilianstraße übergeleitet hat, wurden die inneren Arkadenöffnungen, die vom Gartenhof des Münzgebäudes her das Südlicht einströmen ließen, vom Landbauamt verbaut zur Ausnutzung mit Läden, die Eckpavillons durften der besseren Nutzung wegen um ein Stockwerk erhöht werden (Abb. rechte Seite oben).

109

Haus Nr. 18 Hildegardstraße.

Die Hildegardstraße (im östlichen Teil heute Knöbelstraße) mit dem Blick auf die Frauentürme war eine klassische Wohnstraße, ist aber heute nach kaum 20 Jahren durch die stadtumstrukturierenden Maßnahmen zum Sanierungsgebiet geworden. Unvermeidlich, daß auch in erhaltenen und renovierten Baublöcken wenigstens falsche Fenster eingesetzt werden mußten.

Herzog-Rudolf-Straße.

Im Zusammenhang mit dem Durchbruch des Altstadtrings wurden im Bestreben des allgemeinen »Aufräumens« auch Häuser beseitigt, die diesem Verkehrszug überhaupt nicht im Wege standen. Völlig verkannt wurde hier, daß gerade der Umkreis der Maximilianstraße in seiner mehr zurückhaltenden Architektur bedeutsam ist im Ensemble des ganzen Viertels, das sich hier um die monumentale Straße gebildet hatte.

Zum Beispiel wurde das *Haus Nr. 18 an der Hildegardstraße,* der noblen südlichen Parallelstraße der Maximilianstraße, völlig unnötigerweise abgerissen. Der hervorragend proportionierte spätklassizistische Bau stand dem Straßenzug überhaupt nicht im Wege. An seiner Stelle ist heute eine sinnlose Grünfläche. Die Verantwortlichen haben die Chance nicht begriffen, die gerade darin bestanden hätte, gute alte Bausubstanz sinnvoll einzubeziehen in die neu gestellte Aufgabe, die schlicht und einfach lautete: Schaffung einer Verkehrsverbindung am Ostrand der Altstadt, nicht aber die Schaffung einer Prachtstraße, für die weder Aufgabe noch Inhalt vorgegeben war. (Abb. links oben).

Auf viele andere Verluste kann nur hingewiesen werden wie z. B. auf das interessante frühe neugotische Haus in der ehemaligen Herzog-Rudolf-Straße, von dem noch nicht einmal – trotz Aufforderung – die Madonnenfigur geborgen wurde.

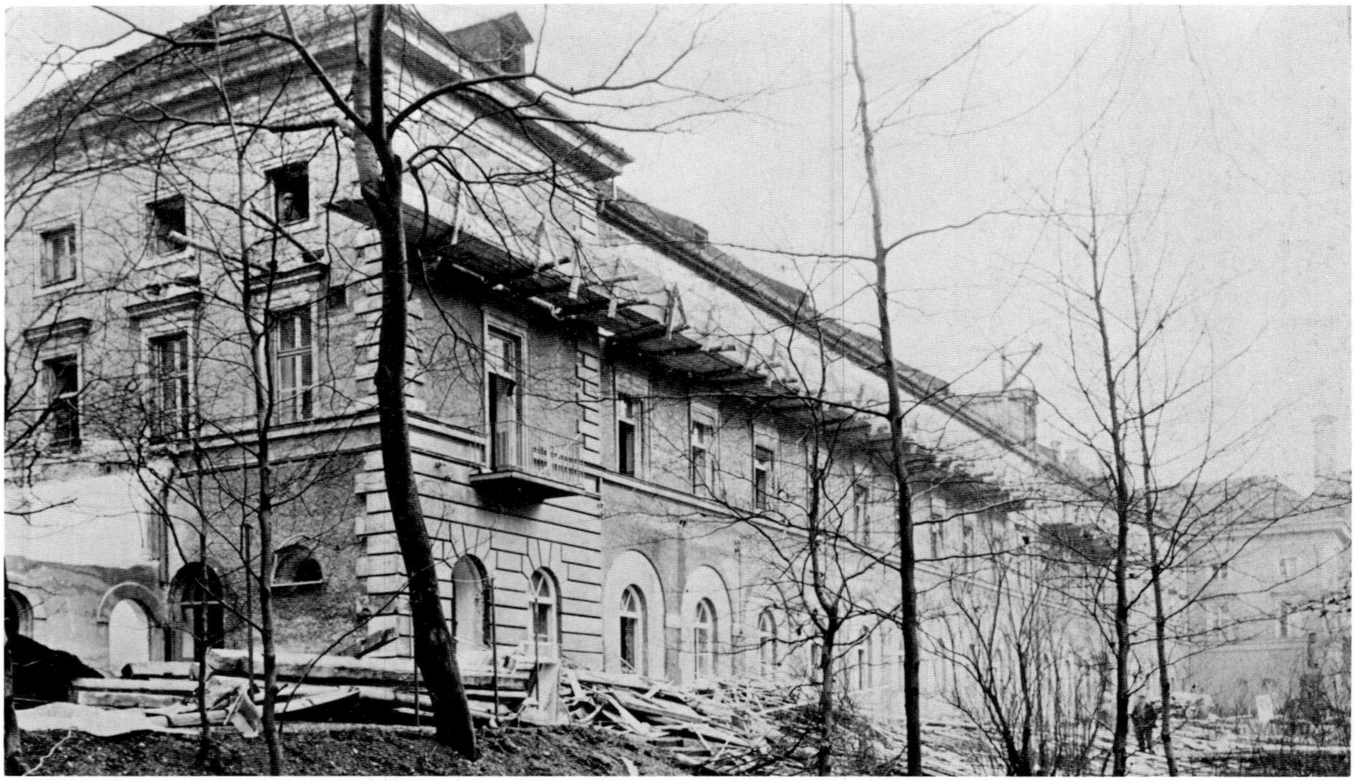

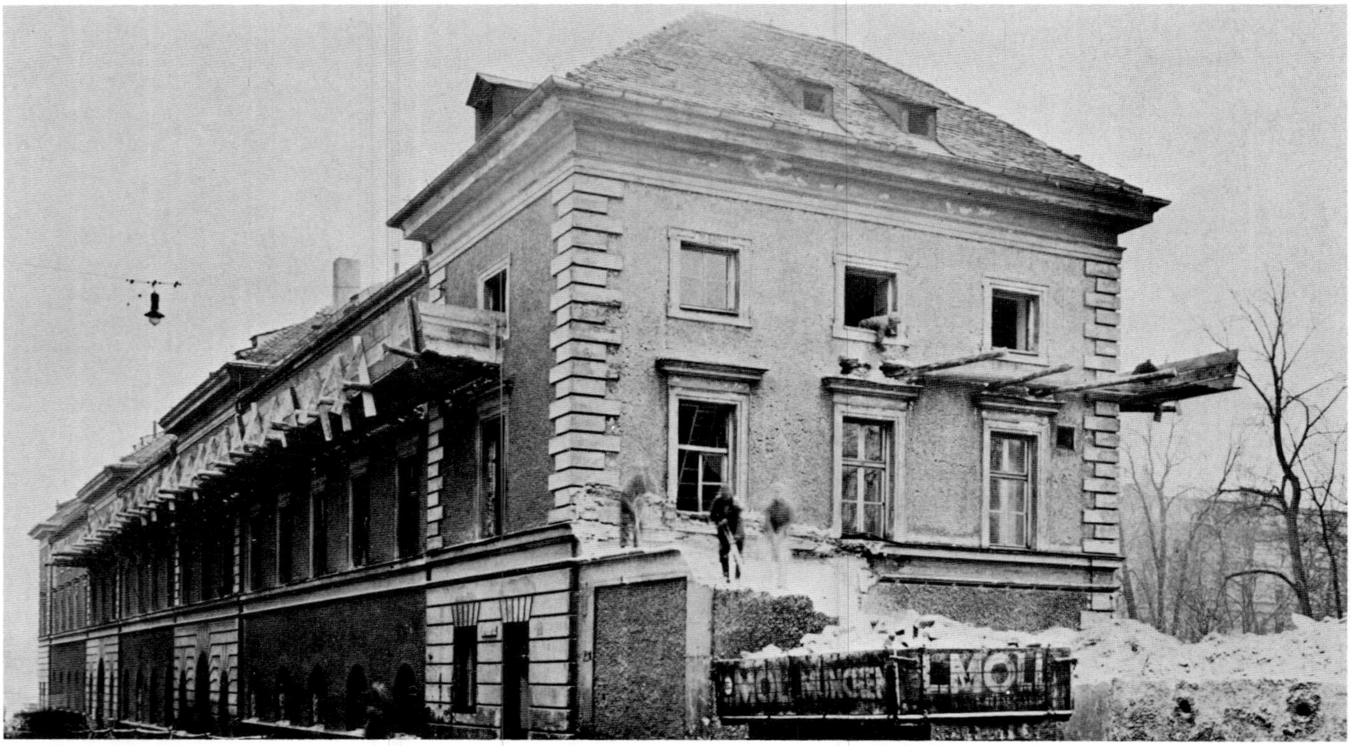
MÜNCHEN

Der Fall Prinz-Karl-Palais

1804–1806 wurde das Prinz-Karl-Palais von Karl von Fischer für den Abbé Salabert zwischen Hofgarten und Englischem Garten errichtet.
Dieser Bau ist das einzige Werk des frühen Klassizismus, das den 2. Weltkrieg so gut wie unversehrt überstanden hat. Es war das erste Werk Fischers in München. Beim Verkauf nach Salaberts Tod lauteten die Bedingungen, »daß Eingang und Anfang des Englischen Gartens nichts von seiner Zierde verliere«! Heute kann man nur mit Erschütterung bewundern, wie »feinfühlig« dieser testamentarische Wunsch in unserer Zeit wahrgenommen wurde.
Nach dem Tod König Maximilians I. übertrug Ludwig I. die Nutznießung des Palais seinem jüngeren Bruder Karl, dessen Namen es heute führt.
1826 erging Auftrag an Baurat und Hofdekorateur Métivier und »bürgerlichen Maurermeister« Röschenauer für ein neu aufzuführendes Gebäude am Prinz-Karl-Palais.
1937 wurden diese Anbauten abgerissen für die Verbreiterung der Von-der-Tann-Straße. Die Maßnahme wurde begründet mit der Notwendigkeit, für den alljährlich stattfindenden Festzug zum »Tag der Deutschen Kunst« von der Prinzregentenstraße in die Innenstadt mehr Platz zu haben. Nachmals war die Barbarei hoch willkommen, um den Altstadtring Nord-Ost von hier aus durch die Ludwigstraße durchzuschlagen. Die berühmte Luft war geschaffen worden, die unsere alten Städte für die Verkehrsbedürfnisse so dringend nötig zu haben schienen. *(Abb. links: der Gartenflügel des Prinz-Karl-Palais an der Von-der-Tann-Straße während des Abbruchs 1937).*

Vom Forum der Maximilianstraße aus nach Norden führt der Altstadtring Nord-Ost zur Prinzregentenstraße in Richtung Königinstraße. Dort verhedderte sich der Knoten zum Knäuel mit dem Ergebnis, daß nicht nur eine vernünftige Verkehrslösung ausgeblieben ist, sondern daß auch der kostbare Bereich um das Prinz-Karl-Palais für unabsehbare Zeiten zerstört wurde. Nachdem der Altstadtring aus Kreuzungen von Tangenten gebildet werden sollte, die die Altstadt umschnüren, war an diesem Punkt die Katastrophe programmiert. Der Englische Garten verhindert nördlich der Prinzregentenstraße eine Querung in Ost-West-Richtung, so daß sie, die man mit einer Tangentenfunktion überlagert hat, im Übermaß mit überörtlichem Durchgangsverkehr belastet ist. Der Altstadtring Nord-Ost sollte als Süd-Nord-Tangente seine Fortsetzung finden in der Königinstraße, die mit einem fürchterlichen Tunnelbauwerk in die Leopoldstraße einmünden sollte. Eine ebenerdige Kreuzung aufgrund solcher Planungen war damit vor dem Prinz-Karl-Palais unmöglich geworden und so wurde der Prinz-Karl-Palais-Tunnel geboren.
Hier aber entzündete sich insbesondere der öffentliche Widerstand. Hier hat das Münchner Bauforum bis zum Äußersten gekämpft. Die Stadt sah sich demaskiert und flüchtete sich unter dem vorgeschützten Grund des Termindrucks wegen der Olympischen Spiele in einen Justamentstandpunkt, der gestützt wurde durch Gefälligkeitsgutachten damals namhafter Professoren. Im Gegensatz zur Maximilianstraße konnte hier das Unglück nicht verhindert werden. Doch wenigstens das Signal zum Umdenken war unübersehbar gestellt.
Selbst Verminderungen des Unheils wie z. B. die mögliche Anhebung des Prinz-Karl-Palais im Zusammenhang mit der Untertunnelung, wurden von denen torpediert, die dankbar hätten sein müssen, wenigstens nicht das volle Ausmaß an dieser städtebaulichen Todsünde verantworten zu müssen.
Die Ambitionen von den Schönheiten eines »Wiener Rings des 20. Jahrhunderts« waren verflogen, das Ende des Lateins war deutlich geworden: Kein Städtebau durch Verkehrsausbau. Vollstrecker wurde dennoch der ehemalige Stadtbaurat Luther, der nie begreifen konnte, daß in München historische Belange stärker sein könnten als der ihm abverlangte Vollzug stadtfeindlicher Planungen.

Prinz-Karl-Palais mit der Brücke über den Schwabinger Bach, vor dem »Stadtumbau«.

Dieselbe Stelle heute, nach dem »Stadtumbau«.

Wie weit die Euphorie mit der Schaffung eines »Wiener Ringes des 20. Jahrhunderts« in den Hinterköpfen eingeimpft war, macht die Begründung zum Bebauungsplan 280 – also für den Tunnel – im Stadtplanungsausschuß am 25. 1. 1967 deutlich:
»Der Bebauungsplan 280 befaßt sich mit einem städtebaulich überaus empfindlichen Bereich. Die baukulturell wertvolle Substanz verlangt deshalb vom Planer ein äußerstes Maß an sorgfältiger Überlegung. Andererseits hat die Planung die Möglichkeit, eine wesentliche städtebauliche Bereicherung Münchens einzuleiten, die in der Schaffung großzügiger Architekturräume enden soll und mit der Aktivierung des nord-östlichen Vorgeländes der Altstadt verbunden sein wird.

Edgar Luther, Stadtbaurat.«

Nicht einmal guten Glauben darf man hier den offiziellen Stellen zubilligen, denn bereits ein halbes Jahr vorher hatte der frühere Münchner Stadtbaurat Hans Högg in der Süddeutschen Zeitung vom 20./21. 8. 1966 u. a. geschrieben:
»Dieser Schlußfolgerung kann nicht beigepflichtet werden. Sie ist unzutreffend. Die Ausschließlichkeit, mit welcher sie vertreten wird, könnte dazu führen, daß hier ein Plan vorzeitig beschlossen wird, der zweifelhafte Folgen für Wirtschaft und Verkehr jetzt und künftig und für das Stadtbild nicht nur am bevorzugten Platz des Prinz-Karl-Palais, sondern darüber hinaus haben würde. Der Plan ist verkehrstechnisch nicht begründet. Stadtbaukünstlerisch ist er unannehmbar. Ein behaupteter Vorteil des projektierten Tunnel- und Rampensystems – von wel-

chem der Plan nur den östlichen Zufahrtsteilabschnitt darstellt – ist nicht nachgewiesen. Nicht zweifelhaft hingegen ist bedauerlicherweise eine Reihe schwerer Nachteile für das innerstädtische Verkehrsleben, die bei sorgfältigem Studium des Projekts überraschen.

Hans Högg, Stadtbaurat a. D.«

Högg war weiß Gott nicht der einzige, der nachdrücklich auf die Fehlleistung dieses Planes hingewiesen hat, aber zu der Zeit war der Planungshochmut zum Planungsübermut umgeschlagen und erst die sichtbar gewordenen Zerstörungen und ein schließlich nicht mehr überhörbarer Protest der Öffentlichkeit konnte weitere Zerstörungsabsichten bremsen mit dem geradezu atemberaubenden Ergebnis, daß nur 10 Jahre nach dem stolzen Beschluß die wenigstens teilweise Wiedergutmachung an der Maximilianstraße reif geworden ist.

Der Tunnel unter dem Prinz-Karl-Palais mit seinen Rampen, der »stadtbaukünstlerisch unannehmbar ist«, bleibt der Stadt auf unabsehbare Zeit als Denkmal schwerster Versündigung erhalten.

Ein Blick in die Marstallstraße, gesehen von der Hofgartenstraße, mit dem alten Gasthaus »Zum Bayerischen Löwen«, gebaut über den alten Stadtbach. Rechts das ehemalige Marstallgebäude der Residenz, links eine ehemals großartige klassizistische Bauanlage, wahrscheinlich von Klenzes eigener Hand (der linke Bau wurde im Krieg fast völlig zerstört, der rechte blieb im wesentlichen erhalten). In den 50er-Jahren wurde zunächst die Fassade total abgeschlagen und rauh verputzt. Dann wurde das Haus völlig abgebrochen, obwohl es dem hier geführten Altstadtring nicht mehr im Wege stand.

Von dem alten idyllischen Komplex wurde zwar die nördliche Endigung im Krieg zerstört. Das wesentliche blieb jedoch erhalten und hätte unschwer in der reizvollsten Weise wiederhergestellt werden können.

Den Städteplanern, die bei der Schaffung des Altstadtringes allerdings eine unglückliche Hinneigung zu den Schöpfern des Wiener Ringes hegten, konnte es nicht in den Sinn kommen, daß die Einbeziehung einer sogenannten »Idylle« für den neuen Verkehrsstraßenzug einen Gewinn hätte bedeuten können, der, wie seine Schöpfer wiederum behaupten, die »Altstadt« umschließen und schützen soll. Selbstverständlich mußte auch das rauschende Wasser stören, denn in der neugeschaffenen Situation hat nur eines zu strömen: Der Kraftverkehr, noch dazu, wenn andere städtische Dienststellen ohnedies mit der »Ablösung der Wasserrechte«, bzw. mit der »Auflassung der Bäche« befaßt sind.

Karlstheater

Isartorplatz

Immer noch Altstadtring Nord-Ost.
»Arno«, wie er in der amtlichen Abkürzung so melodisch heißt.

Sein südliches Ende findet er endgültig am Isartorplatz. Daß dieser trotzdem vorsorglich zerstört werden mußte, war wohl unabdingbar.
Begonnen hat es damit, daß das ehemalige »Karlstheater«, das spätere Atlantikpalast-Kino, das nur ausgebrannt war, 1953 – 8 Jahre nach Kriegsende – abgeräumt wurde. Es war 1812 von J. E. d'Herigoyen als Volkstheater errichtet worden und in vieler Beziehung als Bau des frühen Klassizismus bedeutsam.
Genau gegenüber, nördlich des Isartors, bestand eine früh-klassizistische Häusergruppe, deren Noblesse ein würdiges Pendant dargestellt hat. Nur wenige Häuser aus dieser Gruppe waren im Krieg beschädigt und dann wieder hergerichtet worden.
Wegen des geplanten Altstadtrings allerdings mußte der ganze Block weichen.
Die Bebauung gegenüber war weitergehend zerstört und architektonisch ohne jeden Wert.
Den Altstadtring aber deswegen anders zu trassieren, hätte das Verständnis für derartige bauliche Werte zur Voraussetzung haben müssen.

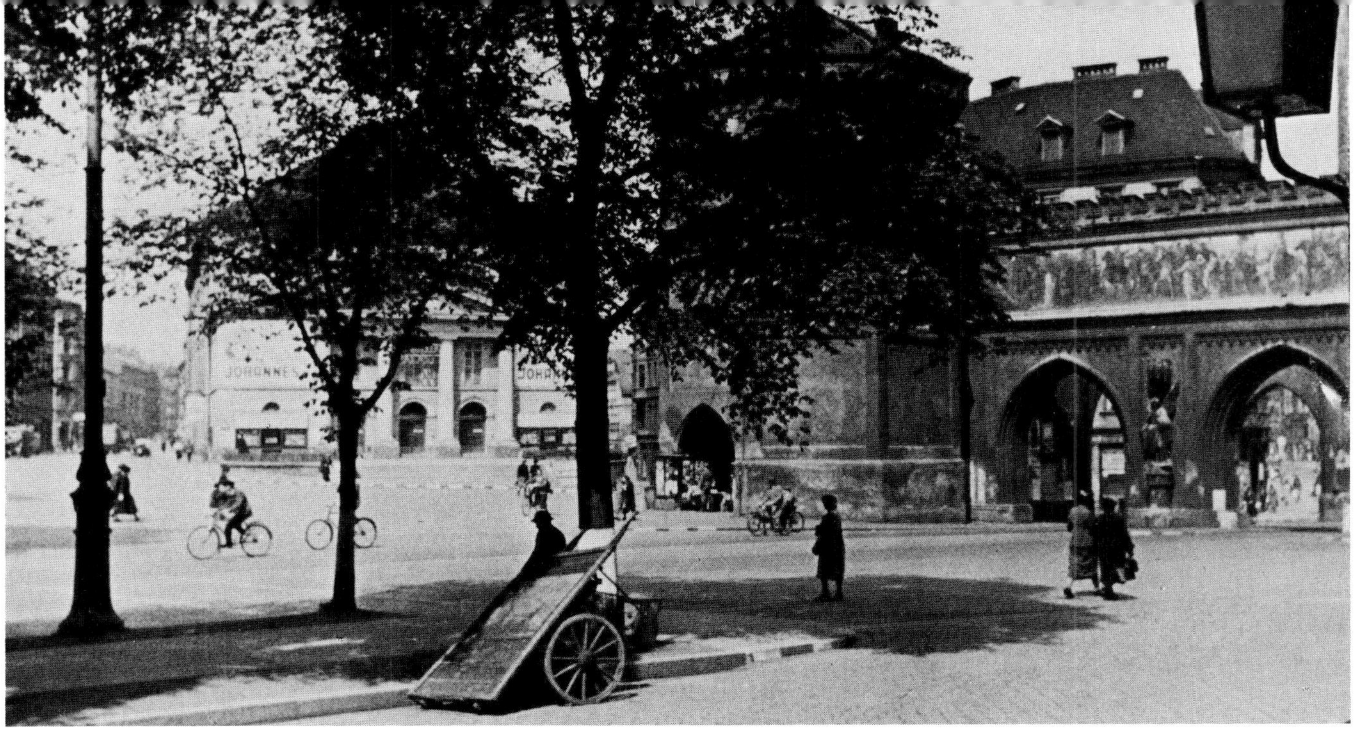

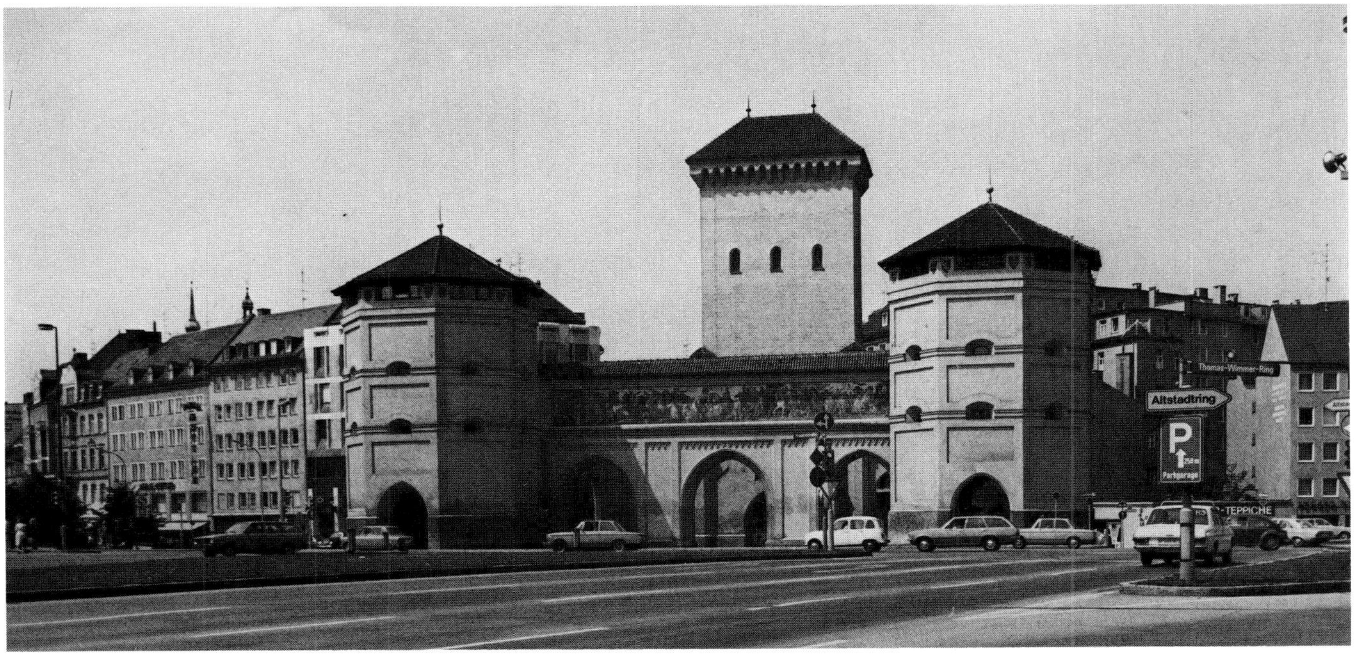
Thomas-Wimmer-Ring
Altstadtring
P
Parkgarage
TEPPICHE

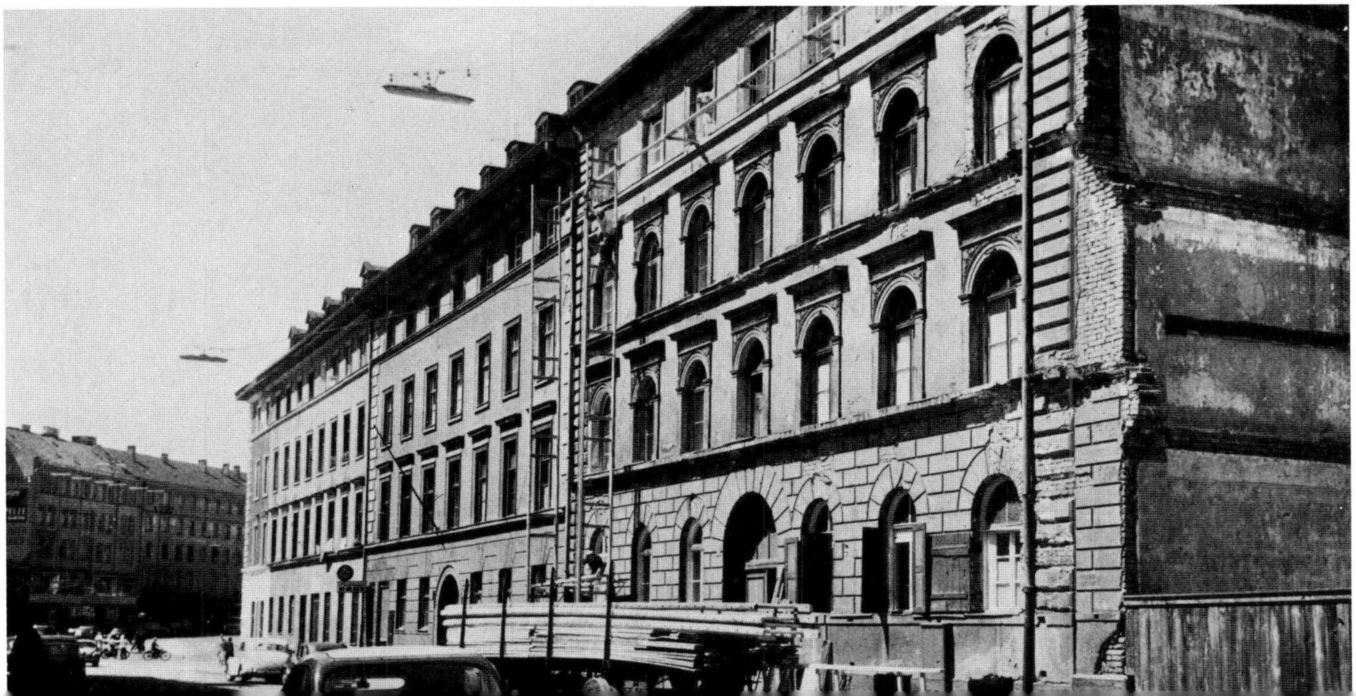

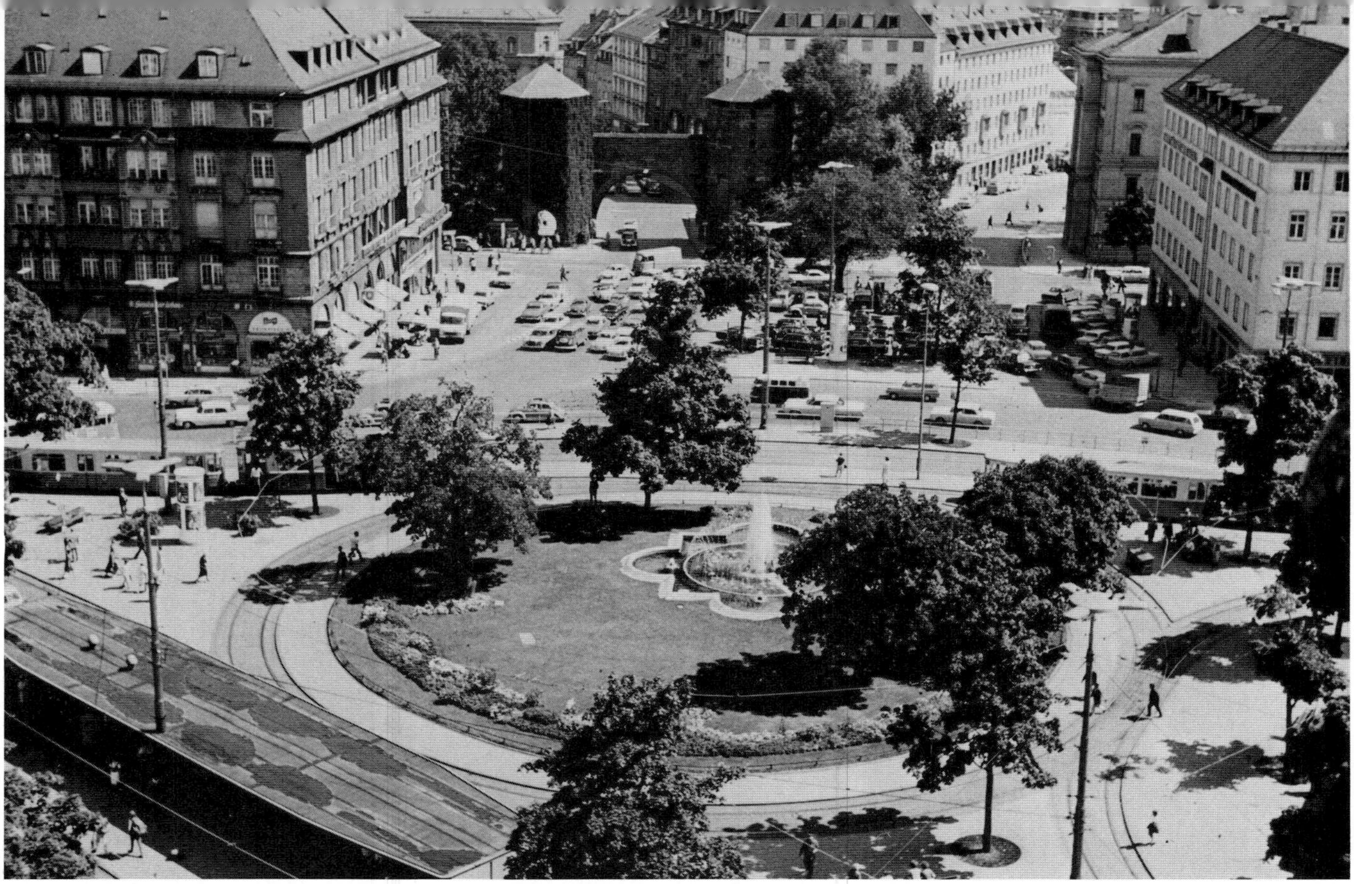

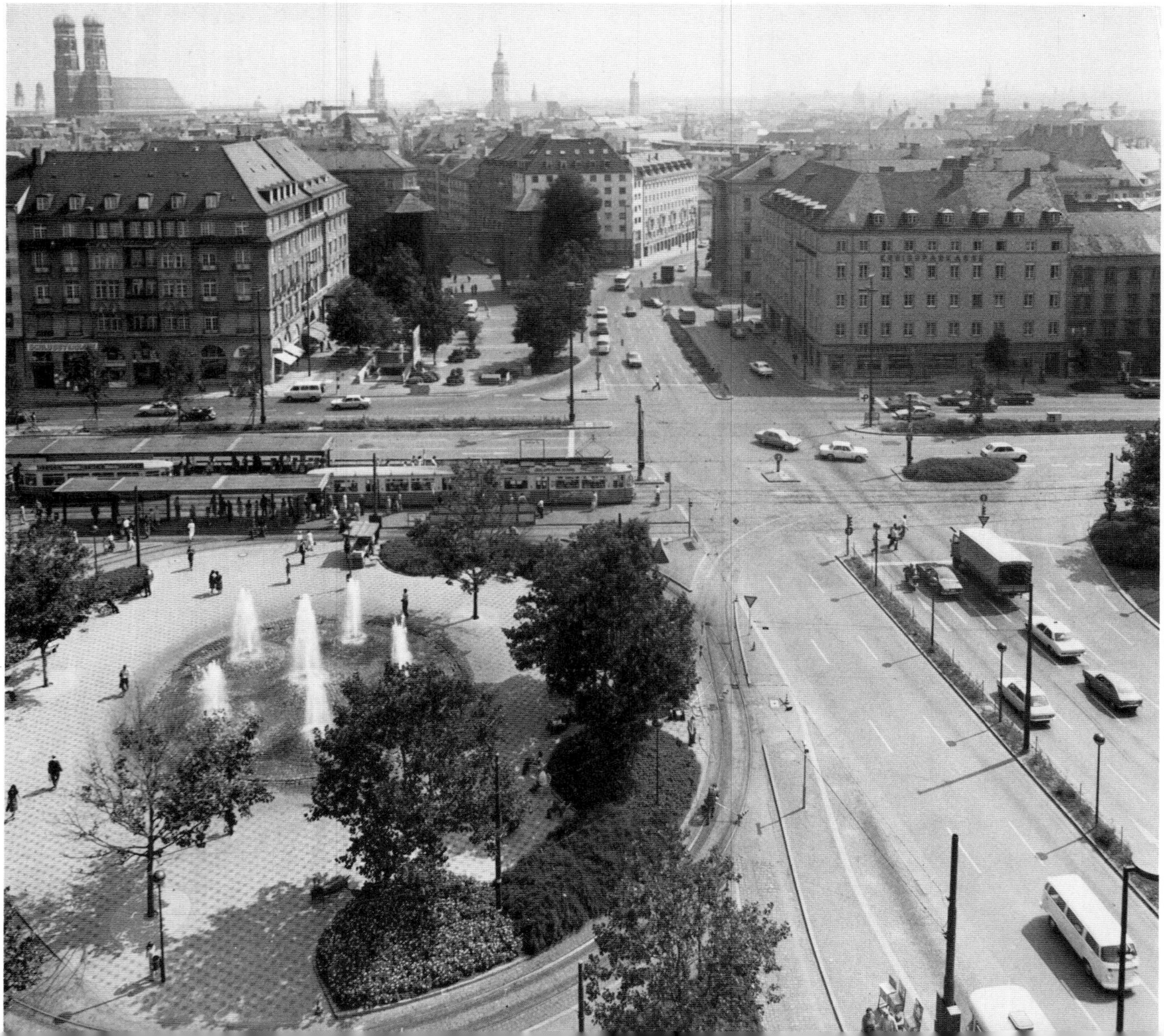

KEIN GROSSER PLATZ IN MÜNCHEN BLIEB UNGESCHOREN

Der *Sendlinger-Tor-Platz,* ehemals ein echtes Halbrondell, wurde so lange dem Verkehr angepaßt, bis eine richtige Verkehrsmaschine daraus wurde. Er wurde bereits bald nach dem Kriege erstmals umgebaut. Die nachhaltigste Zerstörung hat er jüngst im Zuge des Ausbaus von Altstadtring und U-Bahn erlitten. Die ehemals halbkreisförmige Kontur des Platzes, vorgelagert dem Sendlinger Tor, ist noch erhalten. Den Platz selber aber hat man jetzt einfach als Straßenkreuzung mit Verkehrsampeln ausgebildet. Der übrige Platzbereich zerfällt in Restflächen. Daß die ehedem hübsche Brunnenanlage weichen mußte, nimmt angesichts solcher Reißbrettarbeit niemanden Wunder. Es bleibt sehr zweifelhaft, ob der Platz in dieser Gliederung der Verkehrsbeanspruchung genügen kann. Aber heute schon ist übersehbar, daß hier mit enormem Kostenaufwand etwas entstanden ist, was den entschiedensten Gegensatz zu dem darstellt, was man unter Stadtbaukunst versteht.

Trambahnschienen im Schotterbett, Schutzbarrieren zwischen Warte-Inseln und Fahrspuren, Fahrbahnteiler und Maschendrahtzäune, die dem Fußgänger verbotenes Überqueren verhindern, sind die »gestaltenden« Elemente geworden.

Ein bißchen Grün mit einer Fontaine aus Pflastersteinen rettet auch nichts mehr.

Sonnenstraße
Zwischen Sendlinger-Tor-Platz und Karlsplatz – Stachus war als breite Angerstraße die Sonnenstraße auf dem ehemaligen Wallbereich angelegt. Die erste Matthäuskirche inmitten war, wie bereits berichtet, im Auftakt der Zerstörung abgerissen worden. Dann waren die breiten Grünflächen gerade recht für die Straßenbahngeleise, als dem Fahrverkehr der Hauptanteil des Raumes zugewiesen worden war.

Der Karlsplatz – Stachus
Der ehemals verkehrsreichste Platz von Europa war trotzdem noch ein echter Platz geblieben voller Leben, voller Atmosphäre.

Der Stachusumbau ist in den 60er Jahren zu einem der solennen Münchner Skandale geworden. Heute ist dem Platz seine wichtigste Beziehung drastisch genommen worden: Die Hauptachse in Ost-West-Richtung, die uralte Salzstraße, der Lebensnerv der Stadt durch Jahrhunderte, ist zerschnitten! Wenn auch die Neuhauser-, Kaufinger Straße zu Fußgängerstraßen (muß das scheußliche Wort »Zone« eigentlich zu einem Münchner Begriff werden?) geworden sind, das Karlsplatz-Rondell, das weltstädtisch deutlich die Torsituation einschließt, hätte nicht durch den Brunnen verstellt werden dürfen.

Im übrigen gilt auch am Stachus: Nach der Schleifung der Befestigung waren großräumige Boulevards entstanden. Heute ist die Abschnürung der Altstadt, wie seinerzeit durch die Befestigung, so jetzt durch den Verkehr wieder vollständig, beziehungsweise noch konsequenter. Der Ost-West-Verkehr für den Fußgänger findet heutzutage unter der Erde – im Stachus-Einkaufszentrum – statt, früher trotz der Bastion wenigstens zu ebener Erde.

Am *Lenbachplatz* verstellen Trambahnschutzdächer den Blick zum Wittelsbacher Brunnen, dem schönsten von München. Eisengeländer verweisen die Fußgänger in ihre Reservate.

Ob sich nach Fertigstellung der derzeit hier im Bau befindlichen U-Bahn viel ändern wird, bleibt abzuwarten.

Der *Max-Joseph-Platz* erhielt die Tiefgarageneinfahrt und die kreisrunde, kieselgepflasterte Mittelfläche wurde beträchtlich verkleinert.

Der *Stiglmaierplatz* wurde zur rein technischen Straßenkreuzung abgewertet, und hat keinerlei Platzcharakter mehr.

Auf den Champs-Elysées in Paris kann man beobachten, wie in dieser berühmtesten Prachtstraße der Welt unauffällig Unterflur-Garagen eingebaut wurden mit Ein- und Ausfahrten, die kaum zu erkennen sind und trotzdem ihren Zweck erfüllen.

Marienplatz vor dem Krieg, mit der feinen Giebelfassade des »Peterhof«.

Am Marienplatz:

Begünstigt durch die Kriegszerstörungen auf der Südseite wurde mit Millionenaufwand die Baulinie zurückgesetzt, um dem Verkehr Luft zu schaffen. Professor Alwin Seifert hatte schon 1949 in der Presse darauf hingewiesen, daß alle diese Versuche vergebens sein würden und daß die Innenstadt eines Tages ganz für den Verkehr gesperrt werden müßte. Wie recht er behalten hat! Keine 20 Jahre später war es soweit.

Heute wird dieser Einsicht mit der Einrichtung der Fußgängerbereiche Rechnung getragen, nur daß jetzt die vorhandenen Straßenräume, soweit sie nicht durch sogenannte »Stockzähne« gestört sind, viel zu weit sind. Das alte Maß wäre das rechte gewesen, viele Millionen hätten gespart werden können und manches Opfer an wertvoller Substanz wäre zu vermeiden gewesen.

Aber zunächst wurde einmal abgerissen, so auch die reizende Fassade des »Peterhof« mit dem feingeschwungenen Giebel, der noch erhalten war.

Als der Marienplatz zum Fußgängerbereich ausgebaut wurde, mußte wenigstens die Mariensäule um einen halben Meter verschoben werden, obwohl sie Ausgangspunkt für die Kilometerzählung der bayerischen Straßen ist. Dazu wurde vergessen, daß die Säule mit ihrer Balustrade immer auf einer kleeblattförmigen Stufe stand. Jetzt »schwimmt« sie im Raster des Plattenbelages.

Daß doch noch der Platz zur »Guten Stube der Stadt« werden konnte, ist wohl einem Maß an Bescheidung und noch nicht ganz verlorenem Traditionsgefühl zuzuschreiben, das in den fünfziger Jahren durchaus lebendig war.

Erst als versucht wurde, dem Platz durch neue Maßstäbe neue Akzente zu setzen, war der Einbruch auch hier gelungen. Die öffentliche Meinung über den Kaufhof ist weitgehend ungeteilt.

Das Roman-Mayer-Haus, das vordem hier stand, war ausgezeichnete Architektur des frühen 20. Jahrhunderts.

Marienplatz in gleicher Blickrichtung heute mit dem »Kaufhof«.

Schwarz = nach dem Krieg völlig zerstört

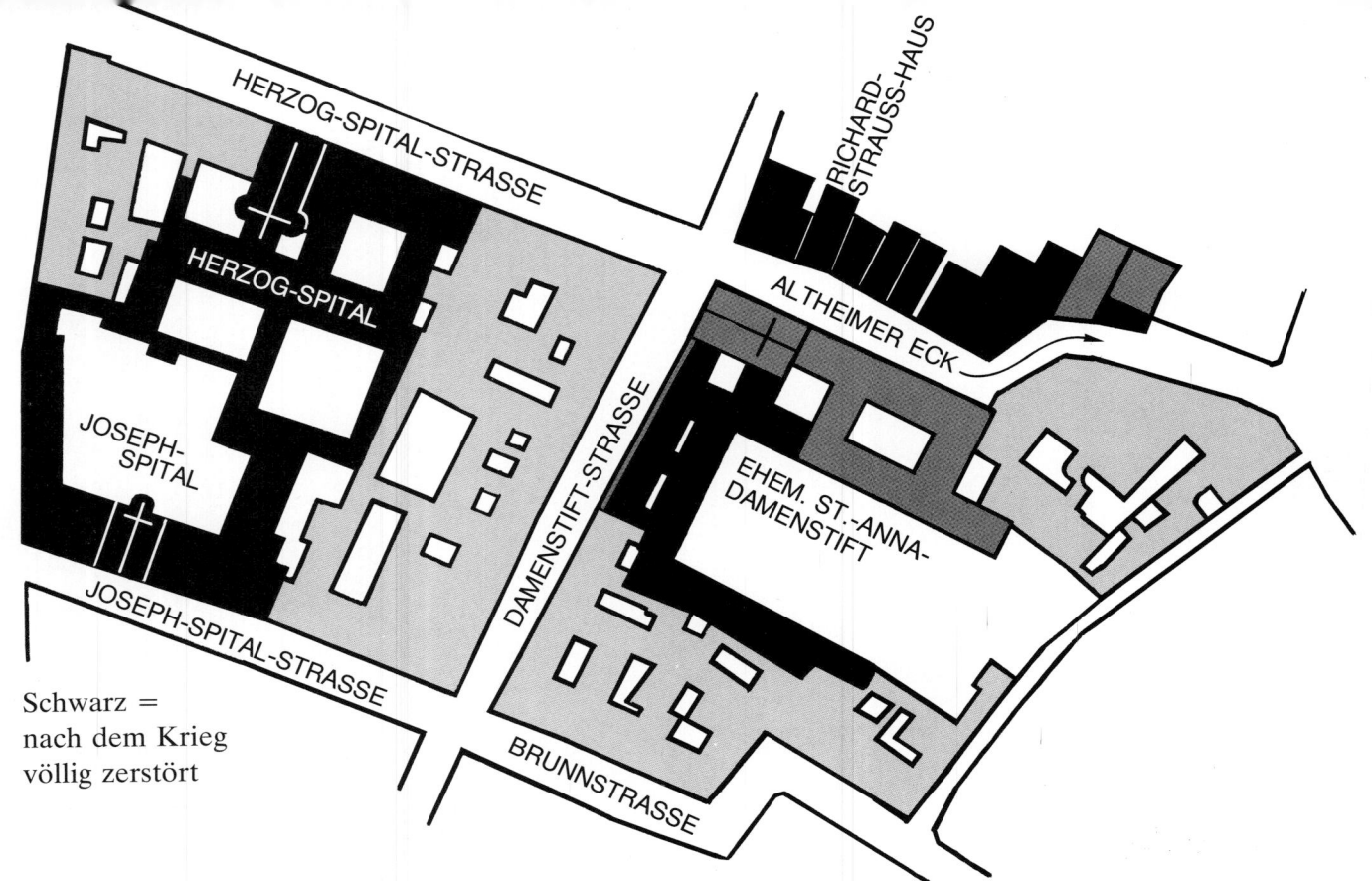

DIE GROSSEN SPITÄLER IM HACKENVIERTEL

Im Hackenviertel der Altstadt, also dem südwestlichen Quadranten, waren große Spitäler charakteristisch: das Herzogspital, das Josephspital, das adelige St.-Anna-Damenstift und das kleinere Kreuzspital, ehemals große Komplexe mit weiten Innenhöfen, und doch bürgerlich, rechte Oasen der Beschaulichkeit inmitten der betriebsamen Altstadt. Damals gab es noch keine Probleme durch die Vertreibung der alten Menschen aus der Stadt. Damals waren sie »voll integriert«, wie man heute sagen würde.

Vom alten Herzogspital steht nur noch versteckt der hübsche Turm. Anstelle des Josephspitals ist das Stadtsteueramt errichtet worden, vom St.-Anna-Damenstift konnte durch abenteuerliche Privatinitiative die Fassade vor der Sprengung gerettet werden, hinter der heute eine Volksschule steht, und die Rettung der Damen-Stiftskirche ist ein Kapitel für sich, das öfters an Wunder grenzt.

Auch vom Kreuzspital ist nichts mehr erhalten.

Auch gotische Häuser sind verschwunden, so das ehemalige Bruderschaftshaus an der Kreuzstraße 32, neben der Kreuzkirche. Einer der wenigen gotischen Bauten der Münchner Altstadt, der, wenn auch ausgebrannt, den Krieg überdauert hatte.

Obwohl die Mauern aufrecht standen und Pläne vorhanden waren, das Haus wieder herzurichten, wurde es schließlich doch beseitigt.

TRAGÖDIEN SPEZIELLER ART – EINZELNE HÄUSER

Wurden bisher Zerstörungen in großen Zusammenhängen geschildert, so muß jetzt der Versuch unternommen werden zu zeigen, daß in der Altstadt wahllos verstreut Zerstörungen eingetreten sind, wie sie auch in Zukunft wohl immer wieder eintreten werden.

Haus um Haus ist verlorengegangen, obwohl die historische Bausubstanz an Bürgerhäusern so gering ist, daß jedes einzelne einen unersetzlichen Verlust bedeutet, wenn es verschwindet, da die große Gefahr droht, daß München neben seinen großen Baudenkmälern kaum mehr Substanz besitzt, die zum gewachsenen Bild der über 800 Jahre alten Stadt gehört, Milieu bildet, Maßstab gibt. So droht die latente Gefahr, daß München eines Tages keine Bürgerhäuser mehr hat, sondern nur noch Geschäftsbauten aus der jüngeren Vergangenheit.

Die ganze Nordseite am Altheimer Eck wurde 16 Jahre nach dem Krieg abgerissen, auch das Geburtshaus von Richard Strauß (links im Bild). Es gehörte zum großen Komplex der Pschorrbrauerei, die ursprünglich auf dem Gelände zwischen Neuhauser Straße, Eisenmannstraße und Altheimer Eck stand. In ihm kam Richard Strauß, dessen Mutter eine geborene Pschorr war, zur Welt. Das Haus hatte den Krieg ziemlich gut überstanden. Die Gedenktafel war bis zum Schluß an der Fassade. Als aber dann die Pschorrbrauerei das ganze Areal für einen Kaufhauskonzern verwertete, legte die Familie selbst auf dieses Haus keinen Wert mehr, mit der lahmen Begründung, daß die eigentliche Gedenkstätte doch das Richard-Strauß-Haus in Garmisch sei. Alle Versuche, das Haus, das auch noch einen sehr hübschen Hof hatte, in letzter Stunde zu retten, scheiterten. Die Kommerzialisierung der Innenstadt hat brutal die ganze Häuserzeile gefressen. Ein Stück liebenswürdiges Alt-München ist erst 1968 noch dahingegangen.

Gleich im Anschluß, wo das »Altheimer Eck« das Eck hat, ein klassischer Schildbürgerstreich.

Die Häusergruppe war verhältnismäßig leicht beschädigt, insbesondere das biedermeierliche Haus mit neun Fensterachsen konnte nach dem Krieg vollständig wieder hergerichtet werden. Es war eines der ganz wenigen Häuser dieser Zeit, die noch in der Altstadt erhalten geblieben waren.

Um diese Ecke für den Verkehr aufzuweiten, wurden die Baulinien zurückgesetzt, aber nicht etwa gegenüber, wo das Eckhaus bis heute noch nicht wieder aufgebaut ist, sondern in die erhal-

Altheimer Eck: Das Biedermeierhaus vor dem Abbruch. Ganz rechts das unnötig gekürzte Haus.

tene, wertvolle Substanz hinein. An der rechten Straßenseite hatte man schon begonnen, die Häuser zu kürzen. Das erste davon hat eine neue Fassade bekommen, um die Straße um etwa 3 m zu verbreitern. Dann wurde nicht nur das Biedermeierhaus abgerissen, sondern gleich das spätklassizistische um die Ecke dazu, um einem Neubau Platz zu machen, der nun bereits nicht mehr auf der neuen Baulinie steht, sondern auf der alten, weil inzwischen durch die Einrichtung der Fußgängerzone begriffen wurde, daß die Verkehrsaufweitung in den Nebenstraßen eine absolut unnötige Maßnahme darstellt. Das alles anfangs der 70er Jahre und ein Paradebeispiel dafür, wie durch verfehlte Planung ein ganzes Ensemble zerstört werden konnte.

In der *Sendlinger Straße* schräg gegenüber der Asamkirche wurden erst 1972 diese fünf Häuser abgerissen für ein Kaufhaus – noch eins! – das sich hier unbedingt ansiedeln mußte.
Nach längeren vergeblichen Bemühungen war es nicht möglich, diese wertvolle Gruppe von Altstadthäusern vor dem Zugriff eines Kaufhauses zu retten oder eine Lösung zu erreichen, die statt einer modischen Betonromantik vielleicht sogar mit der Erhaltung wertvoller historischer Substanz zurechtgekommen wäre.

Das ehemalige Braugebäude des Alten Hackerhauses (Ansicht von der Hotterstraße). Das letzte von ehemals vielen altstädtischen Brauhäusern, das auch noch interessante Räume barg. Zerstört, denn eine »Nutzung«, dieses Kriterium der Gegenwart, schien nicht gegeben oder war nicht zu finden.

Haus Sendlinger Straße 80 neben dem Gebäude der Süddeutschen Zeitung hatte den ganzen Zauber eines alten Münchner Bürgerhauses. Es war ausgebrannt, die Fassade blieb stehen. Für eine Erweiterung war es nicht zu brauchen, obwohl, wie man sieht, sogar die Stockwerkshöhen mit denen des Gebäudes der Süddeutschen Zeitung übereingestimmt hätten.
Als eine erneute Erweiterung notwendig wurde, fiel selbstverständlich auch das biedermeierliche Haus Nr. 78 links im Bild.

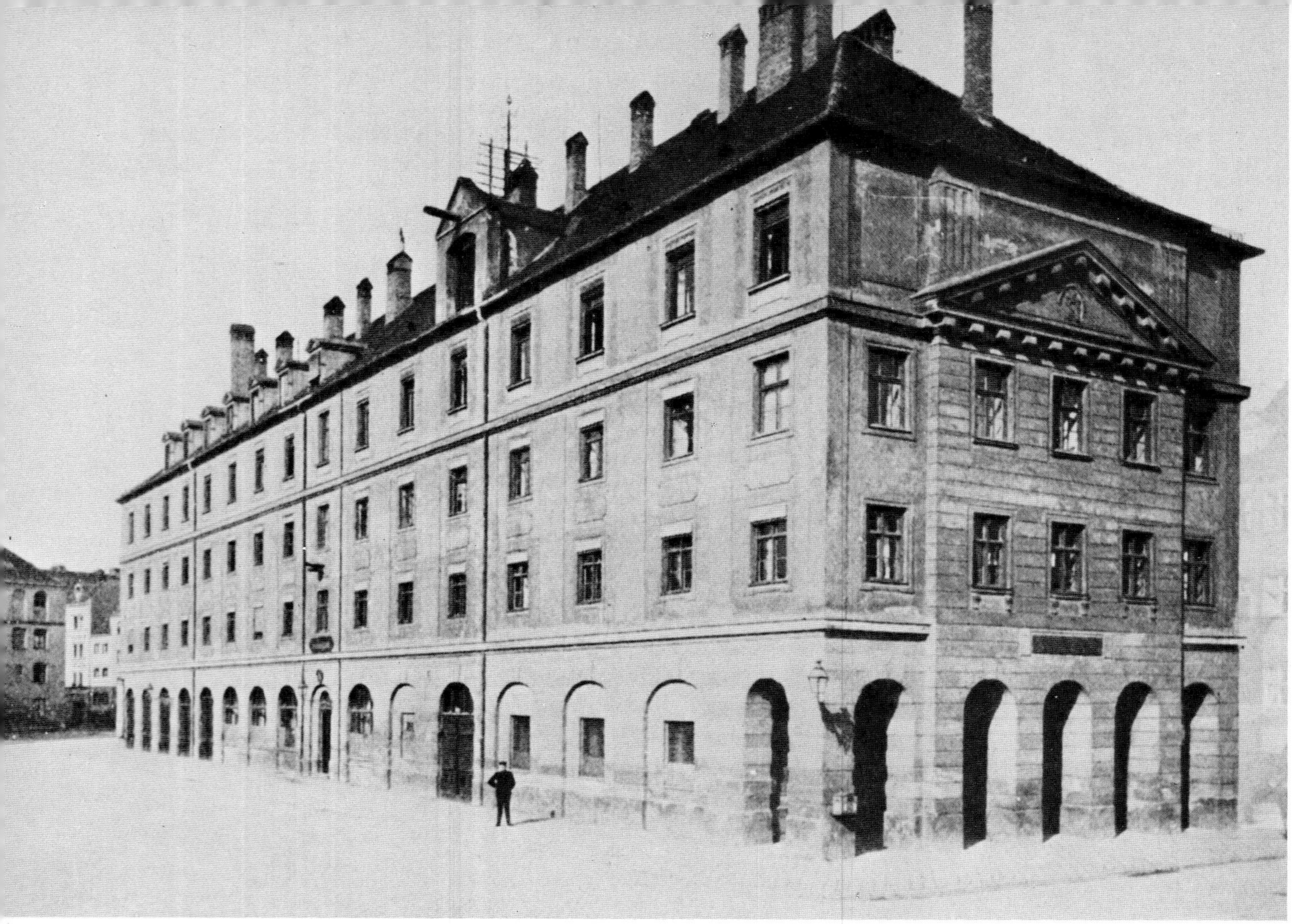

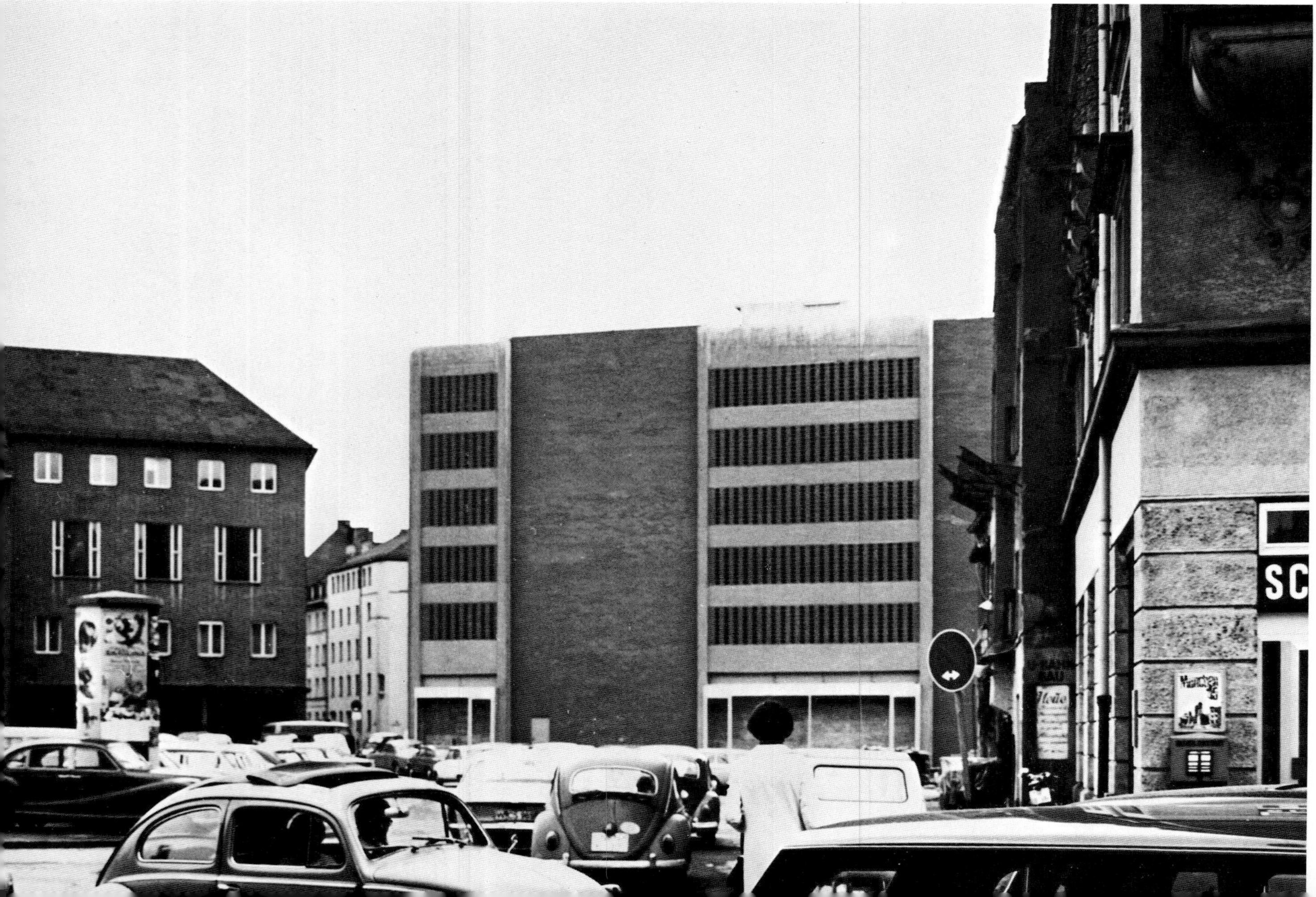
SC

< Die *alte Feuerwache* am Jakobsplatz, ein frühklassizistischer Bau, wurde von Kurfürst Karl Theodor errichtet und der Stadt gewidmet. Sie war im wesentlichen nur ausgebrannt und im rückwärtigen Teil zerstört. Trotzdem wurde sie im Zuge der Schutträumung beseitigt. Das Stadtmuseum hat ein wichtiges »Gegenüber« verloren.

Längst hat man erkannt, daß die Fassade der neuen Hochgarage am Oberanger, die hier in den Jakobsplatz hereinwirkt, unbedingt wieder zugebaut werden muß.

Daß diese schandbare Leistung in den sechziger Jahren passieren konnte, ist nur mit der völligen Ignoranz einer damals bestimmenden Öffentlichkeit gegenüber historischen Werten zu erklären ebenso wie mit einer Art Sendungsbewußtsein davon, daß Moderne um so besser und zeitgemäßer sei, je häßlicher sie in Erscheinung trete.

Haus Oberanger 49. Es war eines der letzten erhaltenen Altmünchner Häuser am Oberanger. Ganz selbstverständlich war auch dieses Grundstück mit Baulinien und einer Baustaffel überzogen, die keine Möglichkeit beinhaltete, ein solches Objekt zu erhalten. Es wurde 1969 abgerissen und durch einen Neubau ersetzt.

Heute und früher in der Sparkassenstraße

Am »*Schlichtinger Bogen*«, an dem rechts das uralte Zerwirkgewölbe angebaut ist, stand links ein biedermeierliches Haus ähnlich demjenigen am Altheimer Eck (Abb. oben links).
Um 1970 wurde von allen baurechtlichen Zwängen, so etwa von Abstandsflächen, Garagenplätzen usw. dispensiert, um einen fünfgeschossigen Neubau an die Stelle zu setzen. Die Situation ist zerschlagen.

Ebenfalls in der Sparkassenstraße steht die alte *Pfistermühle,* allerdings nur noch als Torso. Sie verlor ihr Satteldach, ihre Anbauten und ihren Mühlbach: ein Torso, dessen Verstümmelung nicht notwendig gewesen wäre.

Der *Wasserturm* bei der Pfistermühle mit dem damals noch offenen Pfistermühlbach vorne war ein klassizistisches Bauwerk aus der gleichen Zeit wie der Wasserturm am Hofgarten. Auch diese Baugruppe brannte zwar aus, blieb aber in ihrer Substanz bestehen. Diese Situation, ein reizvolles Beispiel »technischen Bauens« aus der Frühzeit des vorigen Jahrhunderts, wurde erst 1967 »bereinigt«. Wer konnte damals auch auf den Gedanken kommen, für so zweckloses Gemäuer nur einen Pfennig zu investieren, wenn noch dazu die wichtigste Voraussetzung, nämlich das Verständnis, fehlt?

Der gleichen Mentalität sind überall in Europa vergleichbare Objekte in den letzten Jahrzehnten in größtem Umfang zum Opfer gefallen. Wehe dem Bauwerk, das in unserer Zeit keinen »Zweck« hat.

Residenzstraße – Bauerngirl

Die bekannte Gastwirtschaft, errichtet von Gabriel von Seidl 1891, war im Krieg ausgebrannt. Die Fassade blieb erhalten. Sie war eine der besten des berühmten Meisters überhaupt. Gabriel von Seidl war einer der großen, die in München um die Jahrhundertwende ausgezeichnete Architektur schufen und den reichen Epochen der Münchner Baugeschichte eine würdige hinzufügten. Trotz aller Bemühungen gelang es nicht, die Fassade zu erhalten. Sie mußte einem Neubau weichen, der nur dadurch versöhnt, daß er eine liebenswürdige Fassadenbemalung von Prof. Hermann Kaspar erhielt.

An der *Kanalstraße* stand das letzte der sogenannten »*Bastions-Schlößl*«, entzückende kleine Sommerresidenzen, die sich das wohlhabende Münchner Bürgertum auf der geschleiften Wallbefestigung errichtet hatte. Das Schlößchen war im Krieg nur ausgebrannt. Sollte man nach allem bereits vorhergezeigtem annehmen können, daß dieses liebenswürdige Objekt in einer sonst nicht gerade bevorzugten Gegend der Innenstadt Schutz gefunden hätte? Natürlich nein. Es wurde im Zuge der Schutträumung beseitigt.

Theresienstraße 1. Theresien-Apotheke. Unmittelbar an die Ludwigstraße anschließend und aus ihrer Erbauungszeit war dieses noble klassizistische Haus verhältnismäßig glimpflich über den Krieg gekommen. Die architektonischen Mittel waren knapp. Aber die kostbaren Halter der Fahnenstangen und die Bogenfüllungen im Erdgeschoß mit den Portraitmedaillons und dem Apothekensymbol gaben der Fassade die Liebenswürdigkeit. Das Erdgeschoß hatte ursprünglich selbstverständlich eine Rustika, die gefühllos durch einen Rauhputz ersetzt worden war. Wenn man meinen sollte, daß wenigstens die engste Nachbarschaft der weltberühmten Ludwigstraße vor zerstörenden Eingriffen geschützt sein sollte, so irrt man sich. Das Haus konnte widerstandslos im Juli 1966 abgerissen werden. (Im Bild darunter der Ersatzbau.)

Spätbiedermeierlicher Gartenpavillon in der Kaulbachstraße. Er wurde 1956 abgerissen, um das Gelände für den Neubau des Obersten Rechnungshofs frei zu machen. Heute ist hier nur eine Grünfläche. Es kam niemand in den Sinn, dieses liebenswürdige Haus etwa als Hausmeisterwohnung oder in ähnlicher Weise zu nutzen und in die Neubaugruppe miteinzubeziehen, was mit Leichtigkeit gegangen wäre, wenn man nur einen Sinn dafür gehabt hätte. Aber wer heute plant, will »klare Verhältnisse«, ein abgeräumtes Grundstück: Es ist die Mentalität der fortschrittsbewußten deutschen Raumpflegerin, die nichts sehen kann, was »herumsteht« und deren ästhetisches Bedürfnis dann befriedigt ist, wenn alles schön sauber und aufgeräumt ist und die modernen Waschmittel ihre Wirkung getan haben.

Schönfeldstraße 32. Ein frühklassizistisches Palais von kraftvoller Strenge. Nach der Gartenseite hatte es zwei Seitenflügel noch ganz im Sinne des Barock. Ein schöner Garten gehörte selbstverständlich zu den noblen Palais dieser Zeit. Nach dem Kriege standen die Fassaden aufrecht. Sie mußten nicht etwa einem Neubau weichen. Sie wurden bloß niedergelegt, um einigen Garagen und einem Hinterhof des amerikanischen Konsulats an der Königinstraße Platz zu machen.

Leuchtenberg-Palais
Seitentrakt an der Fürstenstraße. Dieser Bauteil des ersten großen Klenze'schen Palastbaus, der u. a. den Theatersaal enthielt, dessen Wanddekoration noch teilweise sichtbar war, wurde erst 1952 abgebrochen. War dieser Verlust nötig?

DIE ZERSTÖRUNG SCHREITET FORT ...

In der Leopoldstraße wurde 1936 das Prinz-Leopold-Palais vernichtet. Das Bild verdeutlicht, wie sehr noch bis kurz vor dem Zweiten Weltkrieg das Bild der Leopoldstraße bestimmt war als eine Avenue, die mit Palais in Gärten besetzt war und auf diese Art die folgerichtige Komponente zur geschlossenen Architektur der Ludwigstraße sein konnte.

Der Pavillon Leopoldstraße 15, der zum Leopold-Palais gehörte, überdauerte alle Zerstörungen und bestand noch lange als das als solches bekanntgewordene »Studio 15«.

Ist es nicht typisch, daß auch dieses Haus lange nach Kriegsende keine Gnade fand und zerstört wurde, um den Neubauplanungen für die Universität in diesem Bereich Platz zu machen, ohne daß der Standort selber beansprucht wurde?

Das Hotel Schottenhamel war nach Kriegszerstörungen wieder aufgebaut worden.

Noch 30 Jahre nach dem Krieg geht die Vernichtung weiter. Der ganze Komplex des *Hotel Schottenhamel,* zuerst von der Stadt erworben, wird an eine ausländische Firma weiterverkauft und zum Abbruch freigegeben. Der große Eckbau an der Elisenstraße ist 1827 zu datieren und damit ohne Zweifel unter der Ägide des allmächtigen Leo von Klenze sicher von diesem beeinflußt. Kein Widerstand half mehr, 1974 wurde abgerissen! Nebenbei geht der stattliche Bau der Bundesbahndirektion verloren, der die westliche Hälfte des Areals eingenommen hat und wichtig für die Erscheinung des Bahnhofplatzes und der Schützenstraße gewesen ist. Daß sich kurz nachdem abgeräumt war, die Neubaupläne zerschlugen, ist nur der Abgesang der Tragödie.

Zur gleichen Zeit wird das *Gasteigspital* zwischen Kellerstraße und Rosenheimer Berg abgerissen, das unter König Maximilian II. 1861/62 als »Pfründnerhaus« errichtet worden war.
Wenn auch nicht so bedeutend, gehörte es doch zu den spätklassizistischen Großbauten am Isarhochufer, deren bedeutungsvollster das Maximilianeum ist. Das ganze Areal war für die Stadt nichts anderes als Sanierungsgebiet bzw. Planungsgrundstück, auf dem z. Z. das neue Kulturhaus errichtet wird.
Auch hier war es hoffnungslos, trotz Denkmalschutzgesetz für die Rettung etwas Wirkungsvolles zu versuchen. 1976 wurde es abgerissen.

An der Ecke Gabelsberger Straße / Türkenstraße stand das sog. »*Pfefferle-Haus*«, das seinen Namen von der bekannten Rahmen- und Vergolderwerkstätte trug, die in den Räumen eines der ersten Kaffeehäuser Münchens vor Jahrzehnten eingezogen war. Die äußerst qualitätvolle Neurokokostuckierung und Ausmalung samt der Vertäfelung war so gut wie vollständig erhalten. Es mußte fallen, weil ursprünglich einmal hier die Anbindung des Altstadtrings in die fast aufs doppelte zu verbreiternde Gabelsberger Straße vorgesehen war. Aber es hätte gar nicht mehr unbedingt zu fallen brauchen, denn die große Ost-West-Tangente war bereits »gestorben«, als die Anbindung des Altstadtrings nach Westen ausgebaut wurde und bei einiger Bescheidung und bei etwas weniger Justamentstandpunkt wäre es durchaus erhaltbar gewesen. Das hartnäckige Bemühen hatte wenigstens den Erfolg, daß das absolut nicht mehr im Wege stehende Haus der ehemaligen Preußischen Gesandtschaft in der Türkenstraße südlich nebendran, höchstwahrscheinlich ein Bau Friedrich Schinkels, der einzige südlich der Donau überhaupt, aus der Gefahrenzone gebracht und somit endgültig erhalten werden konnte. Denn nach den rechtsgültigen Planungen war auch dieses Haus bereits einer reinen Grünfläche zuliebe für den Abbruch ausgewiesen.

Garmisch-P.
Innsbruck
Altstadtring
Stuttgart
München-West

Schwere-Reiter-Kaserne – Zweibrückenstraße links oben im Aquarell von Heinrich Adam 1829, rechts westliches Eckrisalit 1952.

Die Schwere-Reiter-Kaserne war eine der drei monumentalen frühklassizistischen Kasernen Münchens: Die Hofgarten-Kaserne, die Schwere-Reiter-Kaserne und die Türken-Kaserne. Die Kasernen waren noch ganz im Sinne einer barocken Schloßanlage konzipiert. Ein Mittelrisalit mit Giebel und zwei Eckrisalite markierten den Baukomplex, der unmittelbar am ältesten Flußübergang der Stadt, der heutigen Ludwigsbrücke, den Zugang zur Stadt flankierte.

Das Bild von Heinrich Adam von 1829 macht deutlich, welche Bedeutung diesem Bau an dieser wichtigen Stelle im Stadtbild zukam. Der Bau wurde gänzlich abgebrochen. Heute steht auf dem Grundstück das Deutsche Patentamt.

Im Neubau ist als Erinnerung über einem Durchgang die Kaserne in graphischer Darstellung festgehalten.

Die Türkenkaserne ist fast ganz verschwunden. Lediglich der Portalbau mit einer sehr hübschen dorischen Torhalle konnte in letzter Minute vor den Baggern – zunächst – gerettet werden.

Der Nordost-Pavillon der Türken-Kaserne vor dem Abbruch.

Der bestehende Restbau, dahinter die Alte Pinakothek.

Das Milchhäusl im Englischen Garten. Für Generationen von Münchnern diente dieses biedermeierliche Refugium als Ausflugsziel. Es stand den Straßenbauabsichten für den Mittleren Ring im Wege, also weg damit! Die Aufnahme während des Abbruchs.

Brunnenhaus am Englischen Garten am Zusammenfluß von Eisbach und Schwabinger Bach. Dieses Brunnenhaus wurde errichtet zur Betreibung der großen Universitätsbrunnen: Ein sehr charakteristisches Bauwerk der Mitte des vorigen Jahrhunderts mit einer technischen Einrichtung, die selbst dann noch fast unbeschädigt war, als das Bauwerk im Krieg ausbrannte. Natürlich wurde dieses Objekt, das in der Pflege der Schlösserverwaltung stand, abgebrochen und die Maschinen wanderten auf den Schutt anstatt ins Deutsche Museum.

MÜNCHNER MERKUR / SEITE 15　　　　　　　　　　　　　　　　**Münchner Stadtzeitung**

Der Bagger frißt den ganzen Gries
Herbert Schneider im verlorenen Waschermadl-Paradies

Es ist unmöglich geworden, die zweite Zerstörung Münchens in einem Buch, das handlich bleiben soll, auch nur annähernd zu dokumentieren. Die Auswahl muß zufällig und willkürlich sein, vieles ist verschwunden, ohne daß wenigstens Fotos oder gar eine Dokumentation noch hätten gemacht werden können. Vieles ist dem natürlichen Wandel innerhalb einer lebendigen Stadt gewichen, aber aus der Summe der Einzelfälle ist das Phänomen der Sorge einer breiten Öffentlichkeit vor dem Gestaltwandel entstanden. Öffentliche Kritik in einer Heftigkeit und Zielstrebigkeit von noch vor wenigen Jahren unbekanntem Ausmaß, Bürgerinitiativen, eine hellhörige Presse und ein allgemein gewandeltes Bewußtsein sind Fakten der Gegenwart und eine Antwort auf eine Veränderung der Stadtgestalt, die nicht mehr Ergebnis eines natürlichen Wachstumsprozesses ist.

Die Bedrohung ganzer Stadtquartiere ebenso wie liebgewordener Ecken hat Reaktionen ausgelöst. Doch wie immer mußte genügend zerstört und noch mehr bedroht sein, bis das öffentliche Bewußtsein auf den noch verbliebenen Rest aufmerksam geworden ist.

Die idyllische Kleine-Leute-Siedlung »am Gries«, gleich hinter der Staatskanzlei an der Prinzregentenstraße, konnte noch vollständig verlottern und erst 1976 restlos beseitigt werden.

149

ÜNCHNER STADTZEITUNG

MÜNCHEN, MITTWOCH, 4. AUGUST 1971

DER „SAUBAUER" IST VERSCHWUNDEN
Der alte Bauernhof an der Zschokkestraße im Westend, im Volksmund „Saubauer" genannt, wurde jetzt im Zuge der Baumaßnahmen für eine Wohnsiedlung mit Einkaufszentrum abgerissen. Foto: Dix

München hat bis heute noch eine Anzahl bäuerlicher Anwesen. Nach dem Krieg sind zahlreiche aufgegeben und abgerissen worden, so auch der „Saubauer". Noch viel gründlicher wurde mit den alten „Herbergen" aufgeräumt, die für mehrere Stadtteile typisch waren. Die Presse hat wiederholt aufmerksam gemacht – ohne Erfolg. Auch die letzten Herbergen in der Au sind verschwunden (Bild links unten). Da es den Rahmen des Buches sprengen würde, alle diese Verluste zu zeigen, geben die ausgewählten Zeitungsausschnitte wenigstens eine Vorstellung von Verlust und vergeblicher Bemühung.

Die letzten Erinnerungen einer dörflichen Vergangenheit stehen noch. Aber die alten „Herbergen" in der Au werden immer seltener. Aufn.: Tögel

Warum es dem Chronisten nicht möglich ist, genaue Abbruchsdaten anzugeben? Weil es nahezu unmöglich ist, den Zerstörungen wenigstens chronologisch zu folgen und die Erinnerung oftmals nicht mehr zuverlässig für Daten ausreicht.

Die liebenswürdigen Häuser an der Winthierstraße in Neuhausen wurden erst Anfang der siebziger Jahre abgerissen. Die Herberge in der Au, Lilienstraße 36, verschwand etwa 1972.

Süddeutsche Zeitung Nr. 254 Samstag/Sonntag, 23./24. Oktober 1971

NÜCHTERNE BETONBLÖCKE *verdrängen in der Möhlstraße — wie in anderen traditionsreichen Villengegenden — mehr und mehr jene Bauten, die an das rege geistig-kulturelle Leben der Vorweltkriegszeit erinnern.*
Photo: Mahr

Eine Straße verliert ihren Charakter
Die fortschreitende Nivellierung des Stadtbilds am Beispiel der Möhlstraße / 10 Häuser akut gefährdet

Süddeutsche Zeitung Nr. 127 Dienstag, 6. Juni 1972

ÜBER NACHT ABGEBROCHEN *wurde das Geiler-Gasthaus in Bogenhausen. Vergeblich monierten die Bürger.*

VOR EIN PAAR MONATEN *abgerissen wurde das Düllhaus in der Möhlstraße. Eines von mehreren traurigen Beispielen in dieser Parkstraße*

Beim viel nobleren Wohnviertel Bogenhausen, insbesondere an der Maria-Theresia-Straße mit ihrem Umgriff, haben Zerstörungen und Zerstörungsabsichten bereits Schlagzeilen des Protestes gebracht.

Donnerstag, 22. Juli 1971 — **AZ-LOKALES**

Heißes Rededuell im Stadtrat um das Kothmüller-Haus:

Gestern wurde ein altes Stück München gerettet

EIN STÜCK ALT-MÜNCHEN in der Au soll nicht verschwinden.

Trotz dieser erfreulichen Rettungsnachricht wurde bald darauf das Kothmüllerhaus abgerissen, zunächst mit der Behauptung, es würde in der alten Form wieder aufgebaut. Dieser Wiederaufbau ist aber bis heute nicht erfolgt. Der Verlust wurde – entgegen klaren Auflagen – offiziell stillschweigend hingenommen.

Historisches Gebäude in der Au wird nicht abgerissen

Von Alois Segerer

München — Manche Münchner Stadt-„Chirurgen" haben ihre eigene Operations-Methode. Sie kurieren am liebsten nach der Devise des Doktor Eisenbarth: Was stört, muß weg! Allen Ernstes versuchten gestern im Planungsausschuß Schützenswertes, im Gegenteil: Das restaurierte Haus würde sich zwischen den Neubauten in der Au nur ausnehmen „wie ein Fremdkörper", außerdem sei es „der Bevölkerung eh Wurscht". Sein Fraktionskollege Horst Salzmann pflichtete bei: Man könne, so meinte er, „den Denkmalsschutz

---

Münchner Merkur — **Münchner Stadtzeitung** — Dienstag, 22. September 1959

Spitzhacke an den letzten Herbergen
Abbruch an der Quellenstraße — Auer Vorstadtromantik nicht zu retten

Die letzten Herbergen in der Au werden demnächst der Spitzhacke ausgeliefert, darunter vor allem die Häuser am Hang entlang der Quellenstraße, von denen einige schon über 300 Jahre alt sind.

In letzter Minute fanden sich für die uralten, verschachtelten Gebäude, mit denen auch die Auer Vorstadtromantik ein für allemal ausgelöscht wird, noch Fürsprecher. Ein vollbärtiger Professor, der lange Zeit in München gelebt hat, kam eigens aus Paris, um das unersetzliche Motiv an der Quellenstraße, das schon viele Maler auf die Leinwand gebannt haben, zu retten. Er lief von Dienststelle zu Dienststelle, sprach sogar im Landesamt für Denkmalpflege vor und besuchte uns aufgeregt in der Redaktion. „Es darf nicht sein, daß dieses letzte Stück der alten Au verschwindet", sagte er empört.

Natürlich klammern sich auch die Bewohner der Häuser an ihre vertrauten und vor allem billigen Unterkünfte. Ein Teil von ihnen wurde jedoch bereits ausquartiert in neuerbaute Mietwohnungen. Der größte Teil der Gebäude befindet sich schon im Besitz der Stadt. Um die letzten Anteile an den Herbergen, von denen bekanntlich jeder Anbau, jedes Stockwerk einem anderen Eigentümer gehört, wird noch gerungen.

Da ist zum Beispiel das Haus Quellenstraße 29, dessen Erdgeschoß bereits in städtischen Besitz übergegangen ist, während der erste Stock noch Privatbesitzern gehört, die ihre Haut (und ihr Regal) nun so teuer wie möglich verkaufen wollen. Dennoch werden auch sie sich mit dem Gedanken der Räumung vertraut machen müssen, denn das Schicksal der alten Häuser ist besiegelt.

Die meisten Anwesen waren fliegergeschädigt und sind inzwischen weiter heruntergekommen, sie besitzen weder Wasser noch Kanalanschluß. Erst noch einen Kanal zu bauen, würde große Mittel erfordern, die Häuser selbst wieder instand zu setzen, hätte keinen Sinn mehr, sie würden immer ein Flickwerk bleiben. Die Bewohner der Häuser würden zum größten Teil wieder in der Au in besseren Wohnungen untergebracht, versichert der Stadtrat. Der Hang wird nach dem Abbruch der Gebäude in eine Grünfläche umgewandelt.

Im Liegenschaftsamt berichtet man uns ergänzend, der Hang sei im Laufe der Jahre unter den Häusern ins Rutschen geraten, schon dadurch wäre ihre Lebenszeit abgelaufen. Stadtrat Weiß bekräftigt den Willen der Stadt, alles, was erhaltungswürdig ist, späteren Generationen zu bewahren. So sollten zum Beispiel die alten Häuser „An der Kreppe" in Haidhausen für immer bestehen bleiben. Die Häuser in der Au aber habe die Lokalbaukommission schon aus Sicherheitsgründen zur Räumung bestimmt. Die baupolizeilichen Anordnungen seien zwingend und müßten befolgt werden.

Die Auer Bürgervertretung, nämlich der Bezirksausschuß 16, hat bisher keine Einwendungen gegen den Abbruch der Herbergen erhoben, im Gegenteil. Vorsitzender Johann Kühnleitner ist der Ansicht, daß die baufälligen verschachtelten Gebäude dem neu erbauten Stadtteil Au nicht zur Zierde gereichen und daß es kein Fehler ist, wenn sie abgebrochen werden. Kühnleitner ist ebenfalls ein alteingesessener Auer Bürger und im ehemaligen Herbergenviertel an der Krämerstraße aufgewachsen.

In den Wiederaufbauplänen, die den Auer Bürgern einschließlich fertiger Modelle in verschiedenen Versammlungen vor Jahren unterbreitet wurden, waren übrigens die alten Herbergen an der Quellenstraße schon nicht mehr enthalten. Wo-

153

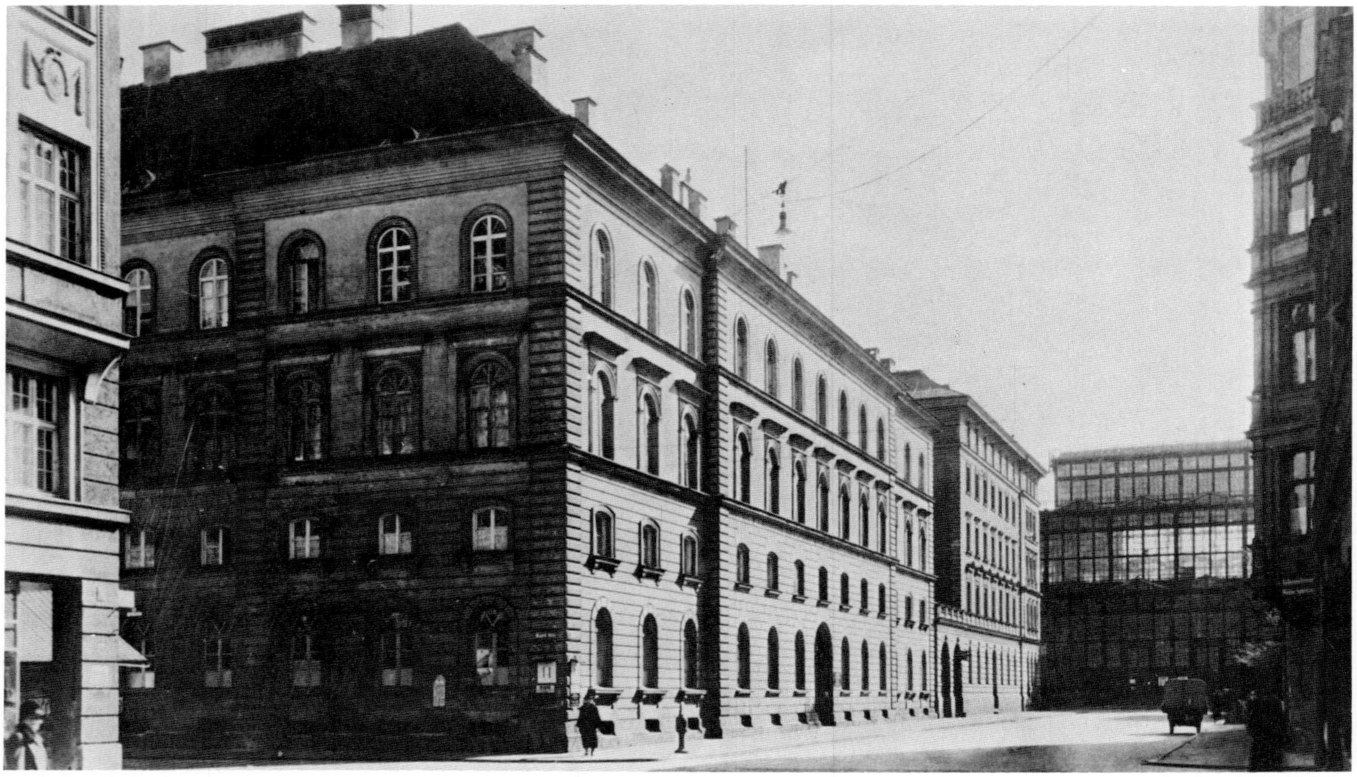

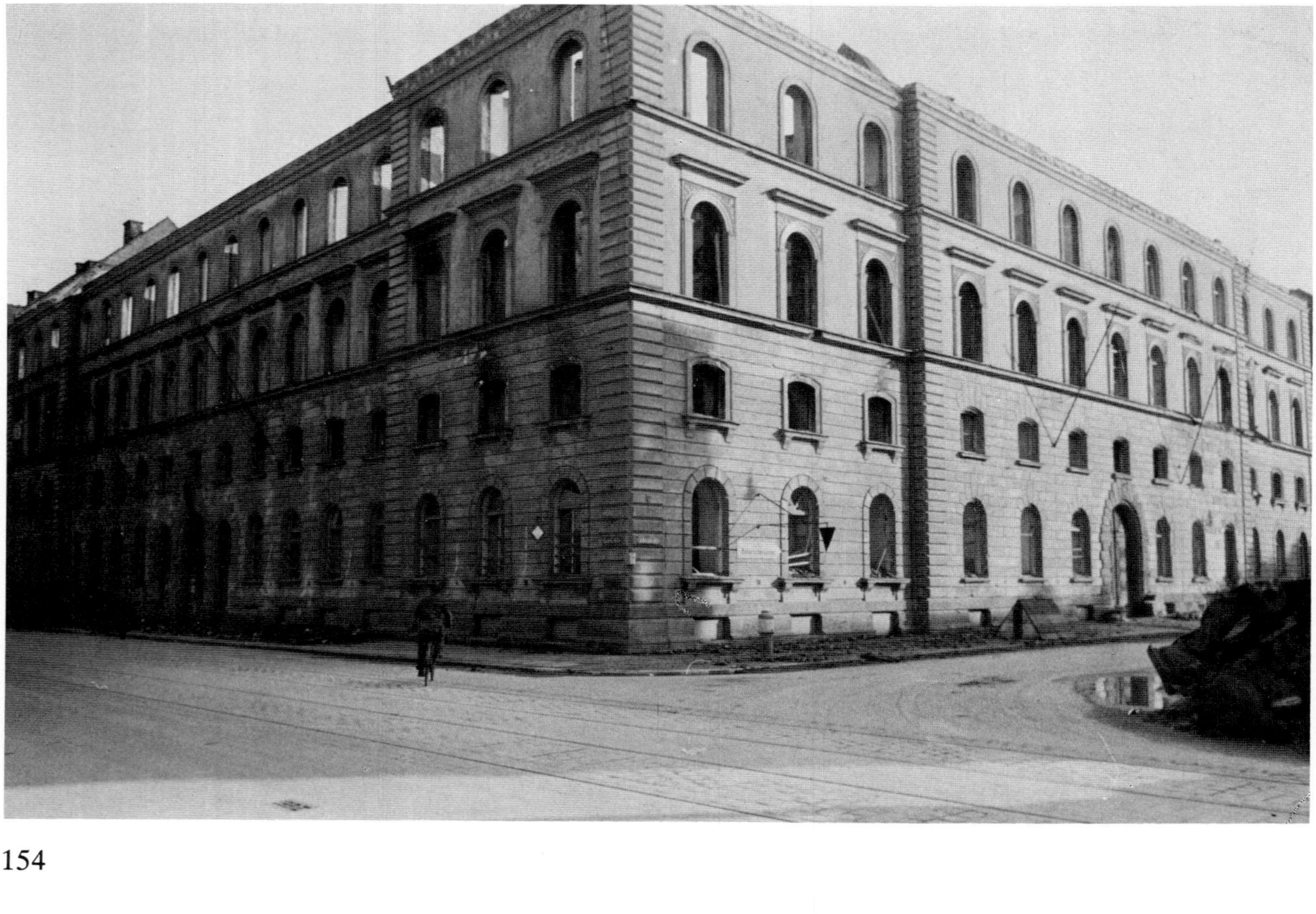

ZERSTÖRUNGEN »EN DETAIL«

Die Zerstörung ist im Großen eingetreten und im Detail, durch Amputationen ebenso wie durch brüskierende Zubauten.

Ein besonders merkwürdiges Beispiel von Zerstörung ohne Abbruch ist das *Gebäude an der Ecke Karlstraße / Arcisstraße,* das zur Oberfinanzdirektion gehört. Merkwürdig deswegen, weil hier nicht etwa kenntnislos die Fassadengliederung abgeschlagen worden wäre wie an so vielen Häusern, sondern weil hier aus einem unerklärlichen Bedürfnis, die Fassade schöner machen zu wollen, Veränderungen eingetreten sind, die nur Geld gekostet, aber nichts gebracht haben. Die Fenster der beiden Sockelgeschosse haben ihre Umrahmungen verloren, das Zwischengesims wurde tiefer gesetzt und unter die Fenster des Hauptgeschosses eine Sohlbank auf Konsolen eingefügt, dafür wurde diesen die Verdachung der Fenstereinfassung genommen, das umlaufende Gesims unter den Fenstern des obersten Stockwerks wurde abgeschlagen und durch einzelne Fensterbrüstungen ersetzt, das Hauptgesims verändert, und das alles, obwohl, wie auf dem Zerstörungsfoto zu sehen, von der Fassadengliederung nichts verlorengegangen war.

»Verbesserungen« solcher Art nehmen im Katalog der Zerstörungen viele Nummern ein.

Brücken und Geländer

München war berühmt für seine schönen Brücken aus dem 20. Jahrhundert.

Bei der *Reichenbachbrücke* wurde begonnen, sie verkehrsgerecht zu verbreitern, indem man vor den Brückenkörper zu beiden Seiten Betonauskragungen anbaute. Die plastischen Gruppen, die auch zu dieser Brücke gehörten, konnten nur noch zum Teil Wiederaufstellung finden. Die restlichen wurden in den östlichen Isaranlagen wie vergessene Denkmäler abgestellt.

Vorgesehen war, nicht weniger als alle Münchner Isarbrücken auf diese oder ähnliche Weise zu verbreitern. Das Beispiel Reichenbachbrücke war abschreckend genug und zur gleichen Zeit auch der öffentliche Widerstand gegen die weiteren Angriffe auf die Isar so stark geworden, daß die übrigen Brücken von solchen Barbareien verschont bleiben konnten.

Neue Schutzgeländer an der Isar aber sind die überall üblichen senkrechten Stabgeländer. An dem elegant gespannten Kabelsteg kann man bemerken, wie typisch eine Brücke durch ein Geländer werden kann. Nebensächlichkeiten? Wohl doch nicht.

Jugendstilgeländer am eleganten Kabelsteg vor der Lukaskirche.

Neues Schutzgeländer bei der Mariannenbrücke.

ZERSTÖRUNGEN IM STADTBILD

Was bisher gezeigt wurde, sind vielfältige und schwere Verluste, die München nach dem Krieg durch Zerstörung wertvoller und wesentlicher Bauten und durch Planungen in einzelnen Stadtgebieten erlitten hat.

Noch viel schwerer zu Buch schlagen die Eingriffe, die das *Stadtbild* erleiden mußte, und die auf unabsehbare Zeit irreparabel sind.

Eine der schlimmsten Fehlleistungen überhaupt ist die Stellung des Hertie-Hochhauses an der Münchner Freiheit, bezogen auf die Sicht aus der Ludwigstraße. Nichts gegen Hochhäuser, wenn sie richtig plaziert sind. Was hier mit zerstörender Gewalt wirksam wurde, ist die verfehlte städtebauliche Einordnung. Bereits aus der Sicht der Theatinerstraße, wo sie in den Odeonsplatz einmündet, riegelt eine schwarze Wand den königlichen Straßenraum unmeßbar hinter dem Siegestor ab, erdrückt den Maßstab, läßt klein erscheinen, was groß angelegt ist, verzerrt alle Gewichte. Die Ludwigstraße war nach Abschluß ihrer langen Baugeschichte ein Kunstwerk von europäischem Rang geworden, das in seiner Vollkommenheit weder eine Veränderung noch eine Hinzufügung ohne Schaden integrieren konnte.

Vor allem die, oberflächlich betrachtet, zunächst so eigenartig erscheinende Fassadenentwicklung der Ludwigskirche mit den zwei weit auseinanderstehenden Türmen an der Ostfront der Straße, erweist sich bei einfühlendem Studium als architektonische Leistung von hohem Rang. Nirgends sonst in der Welt ist eine Zweiturmfassade in eine Monumentalstraße von über 1 km Länge eingefügt. Nur hier in der Ludwigstraße ist das scheinbar Unlösbare vollendet gelungen. Die Theatinerkirche, ebenfalls eine Zweiturmfassade mit weit auseinanderstehenden Türmen, an der Westseite und am Beginn des herrlichen Straßenraumes, hat in der Ludwigskirche in glücklicher Ausgewogenheit, die kaum zu definieren ist, ein Gegengewicht gefunden.

Jetzt ist alles zerstört: Der brutale Klotz im Norden verzerrt alle Gewichte, stört die große Achse und blendet mit dem Reklamezeichen einer Brauerei. Die Schandtat ist das Ergebnis der Einsichten moderner Städtebauer, die nur deshalb die zwingenden Bedingungen in diesem Raum ignorieren konnten, weil sie ihnen als Voraussetzung für ihr Tun noch nicht einmal bekannt waren (s. S. 32).

Hauptbahnhof. Der ehemalige Hauptbahnhof von Friedrich Bürklein war wie so viele Bauten in München nie richtig gewürdigt worden. Als Bauwerk für einen technischen Zweck teilte er die Ablehnung, die solche Bauten, z. B. Fabriken, lange Zeit gefunden haben. Und doch hatte gerade dieser Bahnhof gegenüber den meisten vergleichbaren liebenswerte Vorzüge. Die Haupthalle war flankiert von mehreren Pavillons, die alle durch sehr schöne Arkaden

Die Arkaden vor dem alten Hauptbahnhof.

Der alte Hauptbahnhof von Friedrich Bürklein.

Der Nordbau wird gesprengt.

verbunden wurden. Die Baugruppe war verhältnismäßig nieder. Alle Giebel hatten die gleiche Neigung, alle Firste die gleiche Richtung. Die Gliederung der Anlage, die Arkaden, die Öffnungen zwischen den Bauten machten eines sinnfällig: Hier geht es hinaus, hier öffnet sich die Stadt in die Ferne. Wenn man aus der Stadt kommend am Bahnhofsplatz anlangte, bekam man Fernweh. Besser konnte die Funktion eines großen Bahnhofs nicht zum Ausdruck gebracht werden. Zudem trug die romantisch-romanisierende Architektur mit roten und gelben Ziegeln genügend italienische Züge, um auch hier an diesem Tor zur Welt einen Hauch vom »deutschen Rom« spürbar werden zu lassen. Trotz aller furchtbaren Verwüstungen im Bahnhofsgebiet hatte der Bahnhof selbst den Krieg überraschend gut überstanden.

Der Hauptbahnhof heute:
Ein unproportionierter Riegel ist durch nichts charakterisiert, was ihn als größten Bahnhof einer Weltstadt ausweisen könnte. Die exzentrisch sitzende Uhr, die die fade Symmetrie sprengen soll, wirkt nur als modische Schönheitswarze. Das unförmige Vordach ersetzt nicht, was den alten Bau auszeichnete.

Kaum beachtet, hat hier das Stadtbild Münchens eine furchtbare Einbuße erlitten.
Bei dem Wettbewerb zum Neubau eines Bahnhofgebäudes in München hatte Professor Franz Hart den verdienstvollen Vorschlag gemacht, die mittlere Baugruppe zu erhalten und in die neugeforderte Anlage miteinzubeziehen. Nimmt es wunder, daß dafür kein Verständnis aufgebracht wurde?

Verkehrsministerium. Die Zerstörung der Kuppel des Verkehrsministeriums ist ein eminenter Verlust für das Münchner Stadtbild. Obwohl oftmals das »deutsche Rom« genannt, besaß München nur drei wesentliche Kuppelbauten im klassischen Sinne: die Theatinerkirche, das Armeemuseum und das Verkehrsministerium. Der Kuppelbau des Verkehrsministeriums wurde zwar nicht unerheblich im Krieg beschädigt, aber keineswegs so schwer, daß eine Wiederherstellung unmöglich gewesen wäre. Im Gegenteil: Die Abbruchkosten hielten sich mit den für eine Wiederherstellung kalkulierten in etwa die Waage. Die Frage nach der »Nützlichkeit« allerdings ließ das Todesurteil fällig werden.

Das Hotel »Deutscher Kaiser« in der Bildmitte zwischen der Kuppel des Verkehrsministeriums und den Frauentürmen demonstriert den entscheidenden Gegensatz zum Kuppelbau. Es macht deutlich, daß
1. *ein Hochhaus keineswegs immer einen städtebaulichen Gewinn darstellen muß,*
2. *daß es insbesondere dann falsch ist, wenn es nicht wie im Sinne der klassischen Wolkenkratzer ein Turmbau ist, sondern eine sogenannte Scheibe, die sich sperrig in das Stadtbild zwängt und*
3. *daß es schon ein Mindestmaß an Gestaltung erfordern würde, wenn aus einer Baumasse ein Bauwerk entstehen soll.*

Das Charakteristische an diesem Hochhaus ist nur, daß es so gut wie von jedem Blickpunkt aus das Stadtbild stört.
Im Foto sieht man, daß die Kuppel des Verkehrsministeriums relativ wenig angeschlagen war.

Das Verkehrsministerium nach der Zerstörung.

Der Kuppelbau war im echten Sinne des Wortes ein Wahrzeichen für München geworden. Jeder, der mit der Bahn nach München reiste, empfand, wenn auf der linken Seite die Kuppel sichtbar wurde: Jetzt bin ich in München. Ein wesentliches Charakteristikum war ihr ovaler Grundriß, der sie von jedem Blickwinkel aus anders in der Kontur erscheinen ließ. Sie hatte unverwechselbare Schönheit und weltstädtisches Format. Der Kernbereich Münchens war durch das Verkehrsministerium weit nach Westen hin ausgedehnt worden. Das Torbauwerk über die Arnulfstraße war eine noble Markierung, die entstehen konnte, als Stadtbaukunst noch ein lebendiger Begriff war. Es hatte im Krieg nur seinen Helm verloren, war aber sonst gut erhalten geblieben. Längst ist es abgerissen.

Die Prielmayerstraße war einstmals vom Bahnhof her das Entrée zur Innenstadt. Heute markiert links die Kaufhauserweiterung die Häßlichkeit eines Hafenviertels, rechts erschlägt das Hotel-Hochhaus »Deutscher Kaiser« die ehemals wohlabgewogene Komposition der beiden Justizgebäude.

Theresienhöhe.

Die Ruhmeshalle mit der Bavaria am westlichen Hochufer des alten Urstromtales bildet hier einen wahrhaft monumentalen Höhepunkt, der noch dadurch gesteigert wird, daß die Theresienwiese mit dem Abhang nach dem Willen König Ludwigs I. von Bebauung freigehalten werden muß. Mit aller späteren Bebauung, insbesondere für den rückwärts liegenden Ausstellungspark, hat man sich stets dieser Situation untergeordnet. Erst unserer Zeit blieb es vorbehalten, durch einen städtebaulichen Mißgriff ersten Ranges das Stadtbild zu zerstören durch die aufgehäuften Betonmassen auf dem Gelände der ehemaligen Bierkeller der Großbrauereien von Hacker und Pschorr.

Nicht allgemein ist bekannt, daß es keineswegs die Bauabsicht der Brauereien war, hier auf traditionsreichen Grundstücken alteingesessener Münchner Brauherren »neue Maßstäbe« zu setzen, sondern daß diese Schädigung des Stadtbildes dem Gestaltungsanspruch der maßgeblichen Baufachleute angelastet werden muß. Wenn man eine Antwort auf die Frage will, wie so etwas möglich ist, muß man sie im heute weithin gestörten Verhältnis zwischen Auftraggeber und Auftragnehmer und oftmals in der Anonymität beider suchen.

Zwischen die weitgestellten Türme der Ludwigskirche, die die Weite der Ludwigstraße ahnen lassen, drängt sich der Turm des Fernheizwerkes an der Theresienstraße.

Einer der reizvollsten Aussichtspunkte in München ist der Monopteros im Englischen Garten. König Ludwig ließ den Hügel künstlich errichten und bekrönte ihn mit dem reizenden Rundtempel. Von hier weitet sich der Blick vom Nationalmuseum über die ganze Innenstadt mit den Frauentürmen bis zur Ludwigsvorstadt mit den Türmen der Ludwigskirche als schönste Stadtkulisse, mit dem Englischen Garten als Vordergrund. Bei Föhntagen wird das Panorama ins Grandiose gesteigert durch die Alpenkette.

Wie wenn man es gewollt hätte, aber trotzdem ungewollt penetrant, erhebt sich nun genau zwischen den Türmen der Ludwigskirche das Heizkraftwerk an der Theresienstraße! Als Städtebau noch Stadtbaukunst war, hat man jeden Turm, jedes höhere Gebäude, jeden Erker in einer Straßenfront genauestens auf seine Wirkung im Stadtbild überprüft, bevor man gebaut hat.

Die Selbstsicherheit der von der modernen Entwicklung überzeugten Technokraten hat solches Bemühen überflüssig gemacht – oder doch nicht?

DIE ZWEITE ZERSTÖRUNG AUCH IN MÜNCHNER KIRCHEN ...

Seitenaltäre im Dom vor und nach der Zerstörung.

Bisher wurde eine Sammlung zerstörter Straßenräume, verschwundener Paläste, abgerissener Bürgerhäuser, technischer Bauwerke und liebenswürdiger Kleinode gezeigt, von Kirchen nur die Basilika und die Allerheiligen-Hofkirche.
Es mag fast paradox erscheinen, aber nicht einmal die *Frauenkirche* wurde nach schwersten Kriegsschäden von der zweiten Zerstörung verschont.
Der herrliche Raum besaß wohl die einheitlichste und stilistisch wertvollste neugotische Ausstattung in Bayern überhaupt. Was Wunder, nachdem bei der Regotisierung in der Mitte des vorigen Jahrhunderts die besten Kräfte des Landes zu diesem Werk aufgerufen waren. Unter anderem hat kein geringerer als Moritz von Schwind die Tafelbilder des großen Hochaltars gemalt. Noch 1935 war der Dom mustergültig restauriert worden. Aber der Makel des Neugotischen haftete ihm an und sicher ist zuzugeben, daß der Verlust der Ausstattung aus Renaissancezeit und Barock schwer gewesen ist.

Rückseite des Hochaltars und Domchor während der Zerstörung.

Wohl aus dieser Einstellung wurde während der Kriegszeit aus dem Dom so gut wie nichts von der neugotischen Ausstattung geborgen. Erst als die ersten schweren Schäden eingetreten waren, versuchte man wenigstens noch die Hochaltarflügel mit den Schwind-Bildern zu retten. Aber es war zu spät. Beim nächsten Angriff wurden sie vernichtet. Trotzdem war nach Kriegsende noch ein großer Teil der Seitenaltäre erhalten, aber auch noch Teile des gotischen Chorgestühls, von dem letztlich nur die Plastiken des Erasmus Grasser geborgen und wiederverwendet wurden. Alles übrige wurde zerstört, zersägt, weggeräumt.

Alle Versuche der letzten Jahrzehnte, dem Dom eine adäquate Ausgestaltung zurückzugewinnen, haben gemeinsam, daß sie trotz teilweiser beachtlicher künstlerischer Einzelleistungen die Unmöglichkeit deutlich machen, in unserer Zeit mit unseren heutigen Mitteln eine solche Aufgabe bewältigen zu können. Daß letzten Endes der Dom einen

Die Frauenkirche vor dem Krieg.

Die Ankündigung einer Fernsehsendung.

Im Gespräch:
Liebfrauendom zu verkaufen
Probleme der Denkmalpflege

Sendung am Donnerstag, 10.2.72
21.45 Uhr im Studienprogramm des
Bayerischen Rundfunks

rechten Hochaltar am rechten Ort überhaupt verloren hat und an dessen Stelle ein mehr als dürftiger Bischofsthron gerückt ist, ist nur noch ein Rufzeichen dafür, daß man einem gotischen Dom keine andere Ordnung aufzwingen kann, noch dazu, wenn diese zu schwach und inhaltlos ist, um dargestellt und bemerkt werden zu können.

Unordnung wurde auch in den Dom im Detail gebracht, indem z. B. das originale Ostfenster im Chor, das durch besonders reiches Maßwerk ausgezeichnet war, an die südliche Polygonseite gesetzt

Die Frauenkirche heute.

wurde, nur damit das sog. Scharfzandtfenster, das als schönstes der gotischen Glasgemälde erhalten blieb, als Ersatz für ein Hochaltarbild gedacht, in die Mitte gerückt werden konnte.

Heute ist das fragwürdige Meisterstück gelungen, den Dom wenigstens im Inneren so gut wie völlig zu ruinieren, obwohl z. B. die Neueinwölbung eine großartige Leistung gewesen ist und Anstoß hätte geben können für besseres als für die völlige Entseelung dieses machtvollen Gotteshauses.

Das in der Chornebenseite faisch eingesetzte ehemalige Hauptfenster.

Die Haidhauser St. Johannes-Kirche, 1852–63 von Michael A. Berger errichtet im Nachempfinden von St. Martin in Landshut – vor dem Krieg ...

... und heute, nach der »Versachlichung« 1969–70, ohne daß etwa Kriegszerstörungen hierfür einen Vorwand hätten geben können.

Die Wissenschaft ist zwar schon zur Erkenntnis vorgedrungen, daß der Baukunst des 19. Jahrhunderts besondere Aufmerksamkeit zu widmen ist. Trotzdem konnte noch vor wenigen Jahren die *Haidhauser Kirche* purifiziert werden. Die feingegliederte Architektur der Kirche, insbesondere ausgezeichnet durch die zierlich durchbrochenen Helme der drei Türme, hatte dem Münchner Osten, knapp hinter dem Maximilianeum einen Hauch von »Kathedrale« gegeben. Die Silhouette der Haidhauser Kirche war insbesondere faszinierend aus der Blickrichtung von Osten her, wenn man von der neu ausgebauten Mühldorfer Bundesstraße, und später dann von der Einsteinstraße aus die filigrane Silhouette gegen den Abendhimmel sehen konnte. Die Kirche litt nicht etwa an Kriegszerstörungen. Lediglich im Bauunterhalt waren Schäden festgestellt worden, deren Behebung im Originalzustand man nicht verantworten zu können glaubte.
Aber auch in barocken Kirchen wurde souverän zerstört, wie z. B. in der Theatinerkirche, in der die herrliche Chorschranke mit den beiden Portalen und den Kolossalstatuen der vier Evangelisten von Balthasar Ableithner abgeräumt wurden vom Landbauamt, um einem dürren Gitter aus Eisenstangen Platz zu machen, hinter das letztlich ein Vorhang gehängt wurde!

St. Jakob am Anger vor der Zerstörung –

nach einem Teilwiederaufbau –

und heute der Neubau.

Ein besonderes Kapitel in der zweiten Zerstörung Münchens nimmt die Vernichtung von *St. Jakob* am Anger ein. St. Jakob hatte eine wechselvolle Geschichte. Noch nach der Kriegszerstörung war der dreiapsidiale Chor, das einzige romanische Bauwerk Münchens, erhalten. Das Hauptschiff hatte einen gotischen Kern mit einer höchst wertvollen Rokokodekoration von Johann Baptist Zimmermann. Das Äußere war von Karl von Fischer im Sinne des Klassizismus umgestaltet worden und sollte vorbildlich werden für Kirchenbauten der Zeit. Im Krieg blieb die Substanz im wesentlichen erhalten. Das nördliche Seitenschiff wurde sogar wieder hergestellt und als Kapelle benutzt. Die Zerstörung zugunsten eines als modern gewünschten Neubaus wurde betrieben vom Orden der Armen Schulschwestern.

Morgenröte für St. Jakob am Anger 15.10.54
Neue Untersuchungen lassen andere Möglichkeiten zu — Noch festes Mauerwerk

Das Schicksal der ältesten Kirche Münchens, St. Jakob am Anger, deren Fortbestehen durch die Abbruchgenehmigung des Baurechtsausschusses zunächst gefährdet ist, hat außer in der Öffentlichkeit auch lebhaften Widerhall bei einer Reihe von Fachleuten hervorgerufen, die gleichzeitig Lösungen für eine Einbeziehung der erhalten gebliebenen Teile in eine Neuanlage verschlagen. Die bisher vorliegende Begutachtung der Ruine, die das durchfeuchtete Mauerwerk und die Fundierung als statisch nicht mehr brauchbar beurteilte, ist inzwischen durch neuerliche Untersuchungen berichtigt worden. Nach den Feststellungen des Dombaumeisters Dr. Theo Brannekämper ist das Mauerwerk des gotischen Langhauses von großer Festigkeit; um es zu beseitigen, müßten die immer noch stattlichen Reste gesprengt werden. Die Fundamente werden ebenfalls als vorzüglich bezeichnet. Von kultur- und kunsthistorischen Gesichtspunkten abgesehen, beurteilt der Dombaumeister die Erhaltung für den Wiederaufbau, auch von der Kostenseite her als wirtschaftlicher.

Wenn es zunächst lokalgeschichtliche Erwägungen waren, die mit den Stimmen vieler Freunde Münchens für die Erhaltung St. Jakobs laut geworden sind, so haben inzwischen gründliche Forschungen des Landesamtes für Denkmalpflege die Bedeutung der Jakobskirche für die allgemeine Baugeschichte von vorher nicht erwartetem Gewicht erwiesen.

Der Wert des heute zur Erörterung stehenden Gemäuers liegt vor allem in der Raumschönheit dieses Baues der Gotik, in dem die franziskanischen Anklänge erhalten geblieben und heute erst recht schaubar geworden sind, nachdem der Stuckmantel von 1738 gefallen ist, in den Johann Zimmermann die Wände gekleidet hat. Unser Bild zeigt eine Rekonstruktion des gotischen Umbaues von 1404.

Im Verlauf der Forschungsarbeiten wurde der ursprüngliche Ziegel-Estrich der gotischen Kirche aufgedeckt sowie ein Engelfresko des späten 15. Jahrhunderts, das unter der Mörtelschicht einer Fensterlaibung freigelegt worden ist. Damit ist der Sachverhalt soweit geklärt, daß eine Überprüfung des der Jakobskirche zugedachten Schicksals nicht mehr umgangen werden kann. Die zeitgemäßen Bedürfnisse der Schule und des Klosters der Armen Schulschwestern würden in einer neuen Lösung nicht außer acht gelassen werden dürfen. Eine der Überlegungen geht dahin, die Kirche „umzudrehen", d. h. den erhalten gebliebenen gotischen Teil als Chor einzurichten und über dem zerstörten romanischen Tor der Ostseite in einem Anbau dem Gotteshaus die erforderliche Erweiterung zu geben.

Karl Spengler

In dieser Skizze des Innenraums, dessen Mauerwerk größtenteils erhalten ist, ist das authentische Raumbild des gotischen Baues von 1404 mit dem heute fehlenden Chor der Ostseite festgehalten worden. Das Gewölbe (gestrichelt) wurde andeutungsweise ergänzt. (Zeichnung: Landesamt für Denkmalpflege)

Artikel im »Münchner Merkur« vom 15. 10. 1954.
Links: St. Jakob von Süden, nach der Zerstörung.
Abb. nächste Seite:
Oben: Das nördliche Seitenschiff vor der Zerstörung.
Unten links: Das gleiche nach der Wiederherstellung.
Unten rechts: Gotische Wandmalereien am Chorbogen über dem Hauptgewölbe, vor dem Abbruch.

Es setzte ein langer, zäher Kampf ein zwischen den Neuerern und Münchner Bürgerkreisen, der sogar zu einer Intervention von Papst Pius XII. führte, wodurch der bereits begonnene Abbruch noch einmal aufgeschoben werden konnte. Dem Geiste der Zeit entsprechend siegte damals noch die Zerstörung, und München erlitt einen in vieler Hinsicht unersetzlichen Verlust.

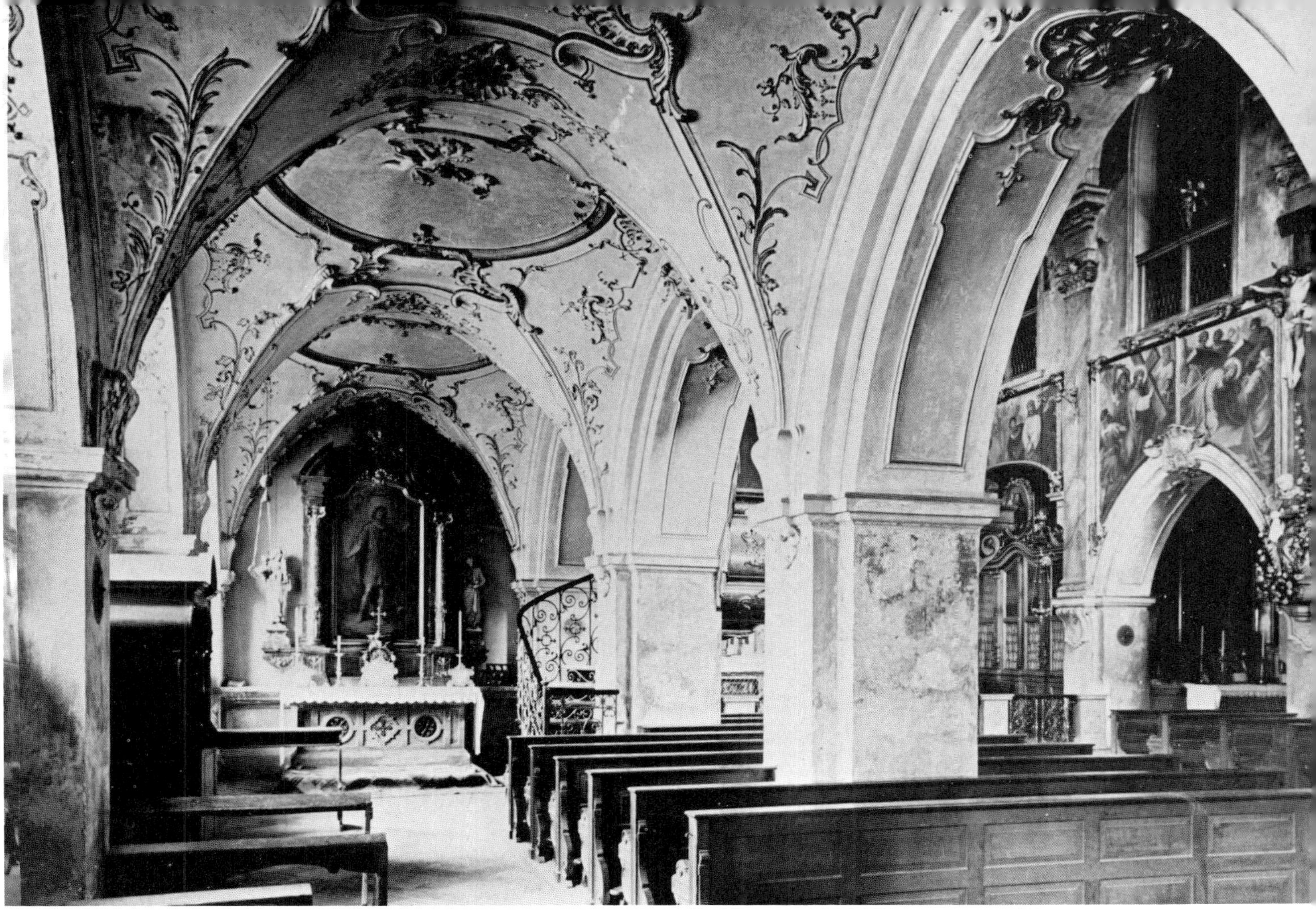

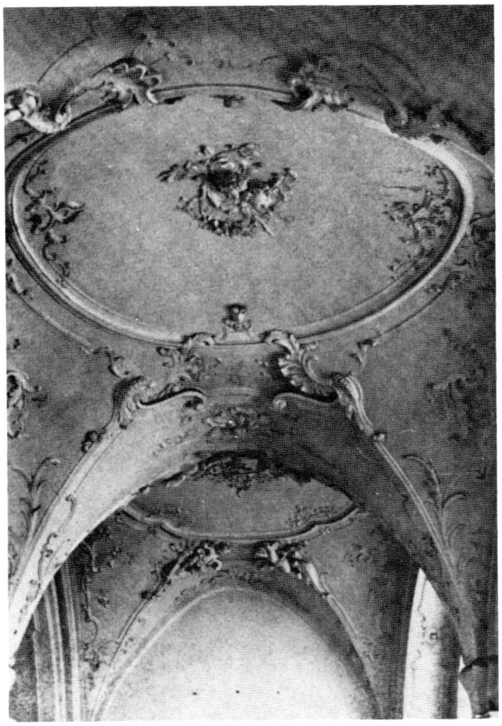

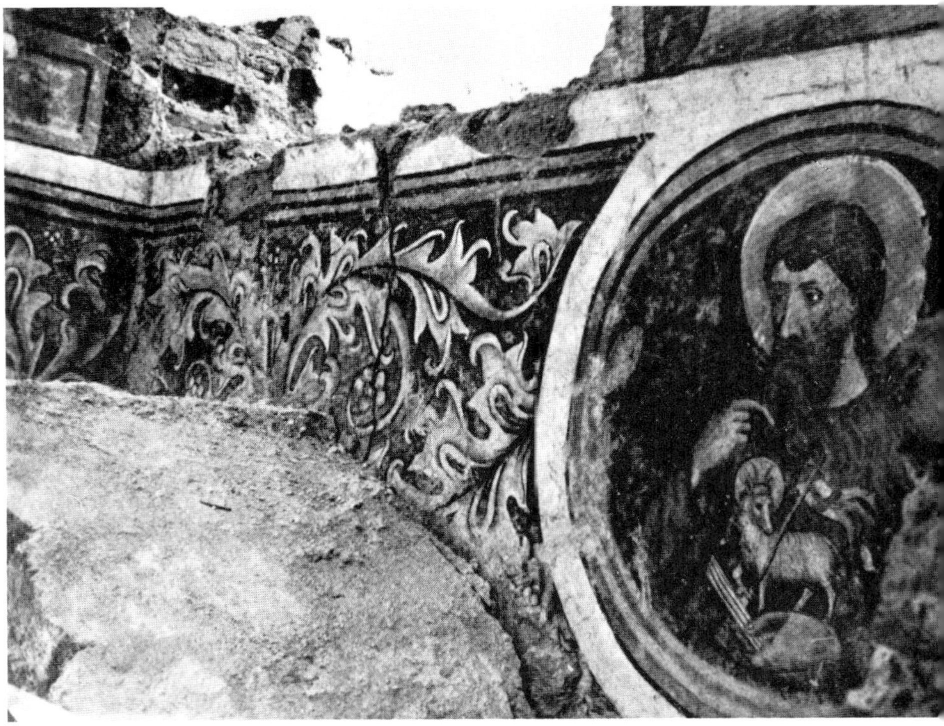

Die „Isarparallele West" an der Bogenhauser Brücke.

WASSER UND LANDSCHAFT IN MÜNCHEN

Daß München an der Isar liegt, ist weltbekannt. Daß diese Isar bis Ende des vorigen Jahrhunderts ein alpiner Wildfluß von elementarer Schönheit gewesen ist, weiß heute kaum noch jemand. Die Regulierungen und Uferverbauungen im Stadtgebiet wurden jedoch mit künstlerischer Kraft so gestaltet, daß neue Schönheit anstelle der verlorenen getreten war, wenn auch später auf lange Strecken, von den Überfällen bis zum Deutschen Museum das betonierte Streckbett mit seinen Grundschwellen hinzugekommen ist und alles andere als Wasserbaukunst darstellt. Das Hochwasserbett ist eine verkommene Wüste mit dem einzigen technischen Zweck, bei Hochwasser als erweitertes Gerinne zu dienen.

Auf die Schönheit der Brücken wurde schon hingewiesen. Zwar ist die Bebauung zu beiden Seiten nahe an die Flußufer herangerückt, doch blieben beide Ufer auf die gesamte Länge durch die Stadt ein grüner Bereich, Landschaft im besten Sinn, sei es durch die unter König Maximilian geschaffenen »Isaranlagen« zwischen Maximilianeum und Bogenhausen an der Ostseite, oder die »Flaucheranlagen« an der Westseite im Süden oder mindestens durch großzügig angelegte mehrreihige Alleen, wie sie sich vom Roecklplatz bis zur Bogenhauser Brücke hinziehen.

Es wäre geradezu erstaunlich gewesen, hätte die hypertrophe Stadtplanung der 60er Jahre nicht auch den Isarraum für den Ausbau Münchens zur autogerechten Stadt mißbrauchen wollen. Die berüchtigte sog. »Isarparallele West« hätte als sechsspurige, kreuzungsfreie Schnellstraße mit nicht weniger als sieben Unterführungs- bzw. Überführungsbauwerken an den Brückenköpfen auf Kosten der Alleen gebaut werden sollen, wobei zum Teil sogar noch über das Flußbett auskragende Fahrbahnplatten vorgesehen waren. Daß diese Planung eine fürchterliche Bedrohung dargestellt hat, sieht man an dem ersten Bauwerk an der Bogenhauser Brücke. Lieblosigkeit und mangelnde Phantasie, nackter Beton und sonst nichts, keinerlei architektonische Gestaltung, wie sie früher einmal an den Münchner Brücken selbstverständlich gewesen ist, können einen Vorgeschmack geben dafür, wie dieser ganze Verkehrszug ausgesehen hätte, wenn nicht durch den massivsten Widerstand der Bevölkerung nach jahrelangem Kampf die Verwaltung gezwungen worden wäre, die Pläne in den Schubladen verschwinden zu lassen. Begonnen hatte es damit, daß die »Schutzgemeinschaft Isaranlagen« in wenigen Wochen über 10 000 Unterschriften gegen dieses Projekt sammeln konnte und in zäher Aufklärungsarbeit immer wieder auf den Wahnwitz hinweisen mußte, bis endlich erzwungene bessere Einsicht weitere Katastrophen bis jetzt verhindern konnte.

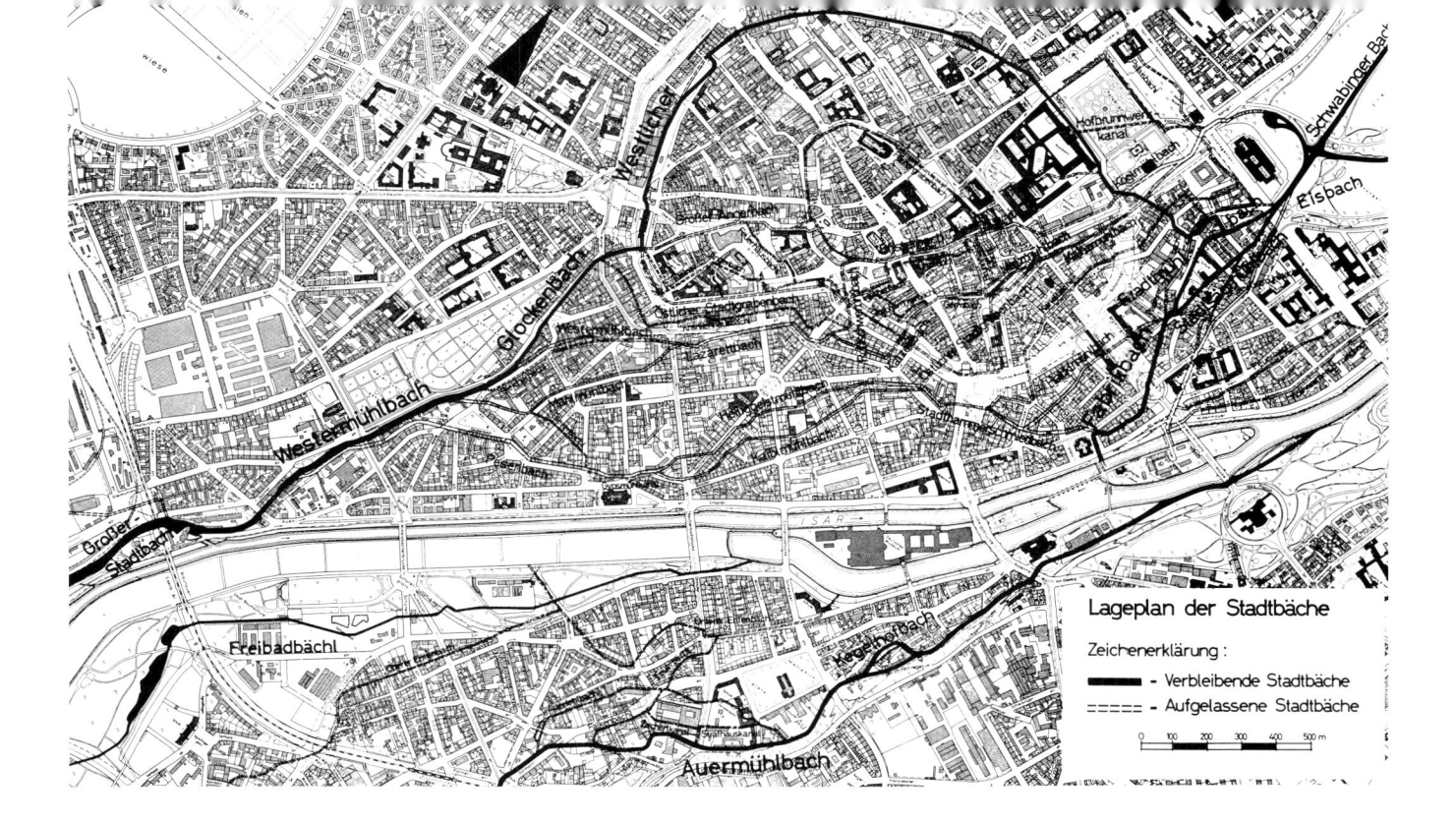

Warum die monströse Maßnahme eine adäquate scheußliche Verwirklichung – von Gestaltung kann keine Rede sein – wie an der Bogenhauser Brücke finden mußte, mag seine Ursache darin haben, daß man weit verbreitet eine gewisse Befriedigung darin zu finden scheint, daß der technische Fortschritt Opfer verlangen müsse und dementsprechend Häßlichkeit geradezu ein Gütezeichen für den Fortschritt sein muß. Daß zu Zeiten hochstehender Baukultur Architektur und Technik nicht nur keinen Gegensatz darstellten, sondern überhaupt voneinander nicht zu trennen waren, ist im öffentlichen Bewußtsein verlorengegangen. Je monströser ein Zweckbau ist, desto eher scheint man ihm »Effektivität« zuzutrauen. Die Brücken der Jahrhundertwende beweisen das Gegenteil.

Der Verlust der Stadtbäche

Ein besonderes Charakteristikum für München war aber vor allem, daß das Stadtgebiet durchzogen war von der Vielzahl der Stadtbäche, die alle von der Isar abgezweigt waren und in deren Verlauf München beinahe so viele Brücken hatte wie Venedig! Freilich waren schließlich die meisten Bäche überbaut und zugedeckt, doch wäre es gerade in der Zeit, in der man an die Einrichtung von Fußgängerbereichen in der Innenstadt dachte, eine Chance seltenen Ranges gewesen, die Bäche wenigstens teilweise wieder aufzudecken und das rauschende Wasser in die Stadtlandschaft neu einzubeziehen. Vorschläge und Anregungen von privater Seite hierzu wurden rechtzeitig gemacht und wie gewohnt verworfen. Stattdessen wurde in einem Anfall geradezu hysterischer Gründlichkeit mit den Bächen aufgeräumt und das liest sich im Buch »Bauen in München 1960 bis 1970«, herausgegeben vom Baureferat der Landeshauptstadt München, auf Seite 142 f., so:

> »... der für die Unterhaltung und Reinigung der Bachgerinne erforderliche Aufwand, die ständige Gefährdung der baulichen Sicherheit an den unterirdischen Bachstrecken, der Unterhalt der Überbrückungen und Überbauungen, die hygienischen Gefahren von durchfeuchteten Wohnhäusern am Wasser, die Gefahr des Ertrinkens – Kinder sind besonders gefährdet – und nicht zuletzt die untragbare Behinderung des Baues von unterirdischen

»Auflassung der Stadtbäche«

Verkehrsanlagen führten dazu, die Notwendigkeit der Stadtbäche zu überprüfen. Da wegen des 1960 einsetzenden Verkehrsausbaues nicht mehr gewartet werden konnte, bis auch der letzte Wasserrechtsbesitzer seine Wasserkraftanlage aufgeben würde, mußten die noch bestehenden Triebwerke auf Kosten der Stadt abgelöst werden. Die nachteiligen Folgen, die eine Erhaltung der Bäche mit sich gebracht hätte, wären derartig schwerwiegend gewesen, daß demgegenüber der Nutzen einiger weniger privater Triebwerksbesitzer nur untergeordnete Bedeutung hatte. Die Beseitigung der Bäche trägt mit zur Altstadtsanierung bei, da die meisten Anlieger die Bäche mit Recht als

176

Hindernis bei einer Modernisierung und einem Umbau ihres Althausbesitzes betrachten mußten.

Durchführung der Bachauflassung

Auch von anderen Standpunkten aus gesehen war die Zeit reif für eine möglichst weitgehende Beseitigung der Bäche links der Isar. Sie waren nur noch Hemmnis für die Weiterentwicklung der Planungen. Aus diesem Grunde wurden von den 1960 vorhandenen rund 17,5 km Bachläufen 12 km aufgelassen. Die aufge-

Die Isar in München: Blick vom Turm des Deutschen Museums nach Süden. Noch steht vorn auf der Corneliusbrücke das Denkmal Ludwigs II., das abgeräumt wurde gegen den Widerstand breiter Kreise der Bevölkerung.

lassenen Bäche wurden an den Kreuzungsstellen mit öffentlichen Verkehrsflächen, also hauptsächlich an den Straßenkreuzungen, aus Gründen der Verkehrssicherheit setzungsfrei mit Magerbeton gefüllt. Die restlichen Flächen wurden entweder an die Anlieger verkauft oder aufgefüllt. Bei dieser Aktion entstanden beträchtliche Kosten. Allein für die Ablösung der Wasserrechte waren 8,8 Mio. DM auszugeben. Die Kosten der für die Auflassung der Bäche nötigen Baumaßnahmen machten etwas über 6 Mio. DM aus, so daß die Auflassung insgesamt rund 15 Mio. DM kostete. Die Durchführung der Bachauflassung war kompliziert, der Einsatz hat sich jedoch gelohnt. Die Bäche konnten so rechtzeitig aufgelassen werden, daß der Bau der unterirdischen Verkehrsanlagen nicht behindert wurde.«

Nun wissen wir es also genau: 15 Mio. DM war es der Stadtverwaltung wert, eine einmalige Chance der Stadtgestaltung für immer zu zerstören und mit der Befriedigung des Selbstgerechten wurden die Akten über das Kapitel »Stadtbäche in München« geschlossen. Was hätte allein mit den 15 Mio. DM angefangen werden können, um aus den Stadtbächen einen unmeßbaren Gewinn für das Stadtbild zu ziehen! Die Entschuldigung, daß die Stadtbäche den Ausbau der unterirdischen Verkehrsanlagen hätten behindern können, ist so schäbig, wie die Maßnahme selbst. Denn daß man unter jeder Art von Flüssen, Bächen und Kanälen Verkehrsbauten errichten kann, ist in Leningrad nicht weniger zu beweisen wie in Rotterdam und schließlich muß in München wenigstens die Isar von einigen U-Bahn-Strecken unterfahren werden, deren Trockenlegung wohl nicht erwogen werden dürfte.

STATT WEITERER BEISPIELE: EIN RÜCKBLICK UND EIN AUSBLICK

Der Rückblick

Das Buch über die zweite Zerstörung Münchens ist nicht zu Ende geschrieben, es kann nicht zu Ende geschrieben werden und es wird wohl auch nie zu Ende geschrieben. Die Fülle des Materials hat ergeben, daß es noch nicht einmal möglich ist, in handlicher Form eine Dokumentation der Verluste zu versuchen, die einigermaßen Anspruch auf Vollständigkeit haben könnte. Man wird zurecht über die aufgezeigten Beispiele mehr Nachrichten erwarten, als zu geben möglich gewesen ist.

Aber das Buch soll ja nur Anstoß sein zum Augenaufmachen, zum Nachdenken, zum Vorsichtigerwerden im Beurteilen, was im Münchner Stadtbild wertvoll, unverzichtbar ist oder etwa minderen Werts und deshalb verzichtbar. Zwanzig Jahre mußten wir miterleben, wie nicht nur bedenkenlos, sondern, was viel schwerwiegender ist, aus vorbedachter Absicht schwerste Zerstörungen im Stadtbild angerichtet wurden, insbesondere aus einer Fortschrittsgläubigkeit, die ihrem Wesen und ihrer geistigen Herkunft nach viel eher ins 19. Jahrhundert gepaßt hätte als in die Zeit nach dem verlorenen Krieg. Zwanzig Jahre lang hatte eine Mehrheit von Verantwortlichen aus Engagement oder Gleichgültigkeit bewirkt, daß »Modernsein«, »dem Stadtbild neue Gesichtszüge geben«, den »Geist unserer Zeit« in sichtbare Gestalt zu bringen Leitlinien geworden sind, die am Ende zur Maßlosigkeit in allen Bereichen der Stadtentwicklung, der Stadtplanung und der Umsetzung daraus in die Wirklichkeit geführt haben.

Als ich vor nunmehr dreizehn Jahren den Entschluß faßte, ein solches Buch zu machen, geschah dies aus der bedrängenden Tagessituation, daß immer mehr und immer neue Nachrichten neuer Einbrüche an immer mehr Stellen und in immer größerem Ausmaß in das Stadtbild in der Öffentlichkeit ruchbar wurden und zu befürchten stand, daß dieser Trend eines »Stadtumbaues« und der Ausweitung der Stadt um jeden Preis immer weitergehen würde, daß immer mehr ein anderes München entstehen sollte, was von einer damals schweigenden Mehrheit nicht gewollt, aber wie eine höhere Schicksalsfügung hingenommen wurde.

Dementsprechend lang wurde in den ersten Konzepten das mögliche Inhaltsverzeichnis, in dem nicht nur die Kapitel enthalten waren, die jetzt in diesem Buch behandelt sind, sondern viel mehr Kapitel über drohende Eingriffe und Zerstörungen durch Verkehrsplanungen, Stadtviertelsanierungen, Umwidmungen ganzer Stadtviertel; z. B. im Lehel, das durch die Ausweisung als sog. »Kerngebiet« Cityfunktionen bekommen sollte, wie das im Neudeutsch der Städteplaner heute so zutreffend bezeichnet wird. Ergebnis sollte die Vertreibung der eingesessenen Wohnbevölkerung sein zugunsten von intensiver Geschäftshaus-, Büro- und sonstiger gewerblicher Nutzung.

Der weitere Ausbau des Altstadtrings, insbesondere des Abschnittes Süd-Ost, dann die sog. Isarparallele Ost, die den gesamten Münchner Osten aufschlitzen sollte und die Ortskerne von Giesing und Haidhausen vernichtet hätte, die Tangente in der Gabelsberger Straße ebenso wie das Aufreißen der Barerstraße und der Ottostraße bis zum Stachus, die Tunneleinfahrt vor dem Siegestor in der Leopoldstraße für die Unterführung in die Königinstraße hinein und so vieles andere mehr bedrohte als beschlossene Planung die Stadt.

Ferner wurden damals noch reihenweise die Stuckfassaden aus Gründerzeit und Jugendstil abgeschlagen, von den schönen Villen in Bogenhausen, in der Ludwigshöhe, in Solln, in Nymphenburg usw. wurde eine um die andere abgerissen, um durch intensive Neubebauung das hohe Baurecht auszunützen. Die beabsichtigte riesenhafte Ausdehnung der Universität bedrohte die ganze Maxvorstadt, und was am besorgniserregendsten war, die offizielle Meinung, die vorherrschenden Strömungen und Tendenzen begünstigten ausschließlich diese Bestrebungen.

Ursula von Kardorff

Durch meine Brille

Bedrohtes Schwabing

Die Maxvorstädter mosern weiter, schrieb ich vor ein paar Wochen. Und so ist es. Wir werden wieder aktiv. Nachts klebten wir Plakate, schwar-weißgehaltene Mahnungen: „Todesurteil für die Maxvorstadt. Jetzt fallen wichtige Entscheidungen. Wir alle tragen die Folgen."

Im Pfarrsaal der St.-Ludwigs-Kirche wird in einer Ausstellung vom 6. bis zum 9. November höchst informativ an Fotos, Statistiken, Stadtplänen, mit Hilfe von Tonbändern, Filmen und Videorecordern die Bedrohung Schwabings plausibel gemacht. 20 Leute, darunter Graphiker, Techniker, Studenten und Fotografen in ihren Labors, arbeiten eine Woche Tag und Nacht daran. Es kann einem schon kalt über den Rücken laufen, wenn man erfährt, wie weit die Pläne fortgeschritten sind.

Vorschlag: Gehen Sie zu Fuß die Amalienstraße herauf und die Türkenstraße herunter, oder umgekehrt. Schauen Sie die zum Teil noch klassizistisch schönen Fassaden (zwischen glanz- und charmelosen Neubauten) an, die das Landesamt für Denkmalspflege gerne retten will, aber nicht kann; sehen Sie, wie die Fenster geschnitten, die Simse gesetzt, die Türen verziert sind.

Besichtigen Sie die zum Tode verurteilten Häuser mit ihren demnächst fortgejagten Insassen, die Werkstätten in den Höfen, die Schaufenster, die kleinen Läden, die Lokale wie etwa die „Witwe Bolte". Stellen Sie sich die glatten, neuerbauten Büro-, Bank-, Universitäts- und Versicherungsfassaden statt dessen vor. Betonsilos, kahle Zweckbauten, ohne Seele. Nächtliche Leere. Anti-Bewohnbares ohne Struktur. Die Türkenstraße ist am Anfang zur Brienner Straße hin bereits verödet!

Heute hausen sie noch beieinander im selben Gebäude, die Handwerker, die Akademiker, die Arbeiter, die Studenten, die Künstler. Morgen sind sie an die Stadtrandbezirke, die Satelliten-Siedlungen verwiesen, verstreut, verunsichert.

Die Universität kauft hier, kauft dort. Es scheint alles ein wenig provisorisch zu sein, kein rechter Plan und keine Planung (der Quadratmeter kostet 3000 Mark). Zweckentfremdete Wohnhäuser, die eines Tages, wenn die Universität sie wieder verlassen hat, niemals mehr zu Wohnhäusern werden können. Bei den Mietpreisen! Denken Sie an das Rentnerpaar, das 35 Jahre in der Amalienstraße wohnte, heute 500 Mark im Monat zu verbrauchen hat und dem der Hausbesitzer eine neue Ersatzwohnung zum Preis von 380 Mark anbot. Unmenschlichkeiten!

Entvölkerung Wahnmochings. Franziska Reventlow dreht sich im Grabe. Die Traumstadt wird zur Alptraumstadt.

Der zweite Bedroher Schwabings ist der Verkehr. Falls es zur Ausführung eines Planes kommt, der vorläufig noch in der Schublade liegt (doch welche Schublade der Pandora wäre nicht geöffnet worden?), kann man nur sagen: Ade Luft, Lust, Liebe und gute Laune. Dann wird die Gabelsbergerstraße um das Vierfache erweitert. Wieviele Häuser müssen fallen, damit der Benzindrachen sich mitten durch die Stadt ungehindert auspuffen kann? Denn das Auto ist für den Menschen da und nicht umgekehrt. Es gibt immer noch viele, für die das Auto offenbar ein Statussymbol zu sein scheint, die zu „fein" sind, mit der Tram oder der wunderbaren Münchner U-Bahn zu fahren.

Lesen Sie in dem roten Büchlein der „edition suhrkamp" „Zur sozio-ökonomischen Bedeutung des Automobils" die Seite 313, dort werden Sie erfahren, wie man in München Verkehrszusammenbrüche hoffnungsvoll erwartet, damit endlich der Ruf nach „Verbesserungen" aus der Bevölkerung erschallt, um dann die glatte Nord-Süd- und Ost-West-Trasse mitten durch die Stadt hindurch aus der (nicht versiegelten) Schublade zu holen.

Was steht auf den Anschlägen, die wir nächtlich klebten? „Informieren Sie sich (in der Ausstellung der Aktion Maxvorstadt) wenigstens, damit Sie hinterher nicht aus allen Wolken fallen."

*

Sie lesen Ursula von Kardorff jeden Donnerstag in der AZ.

> **17. 10. 1970** BAYE[R]
>
> # ZWEITE ZERSTÖRU[NG]
>
> ## Gegen die Demontage Bayerns
> ## Für einen vernünftigen Denkmalschutz
>
> DR. ERICH SCHOSSER, MdL
>
> Es ist eine bemerkenswerte Phase in der wir uns befinden: Bayern wird demontiert! Um es präziser zu fassen: seine Kulturgüter werden zusehends weniger.
>
> ßen Elias Holl steht im Weg — also muß er entfernt oder zumindest umfunktioniert werden. Das geschieht nicht allein durch einen neuen Verwendungszweck für das Zeughaus — was durchaus vernünftig sein könnte —, sondern durch die Integration des Ge-

Schlagzeilen des Umdenkens seit einem Jahrzehnt.

Man mußte davon ausgehen, daß jeder gewählte Stadtrat, der die Entscheidungen mitzutragen hatte, das beste für seine Stadt wollte. Trotzdem war die Befürchtung nicht unbegründet: »Er läßt sich beschwätzen und meint, er würde entscheiden.«
Aber unbeschwert von jeder Besorgnis wurde mit der Schönheit Münchens kräftig hausiert, die »Weltstadt mit Herz« lockte Unternehmer und Geschäftemacher jeder Art an und in ihrem Gefolge selbstverständlich auch die Parasiten der Schönheit, die überall, wo sie auftraten, zerstörten, aber profitieren wollten vom verbliebenen Rest der schönen Stadt.
So mußte es kommen, daß immer mehr Bestrebungen zum Schutz der Stadt vor den Menschen für die Menschen bemerkbar wurden, Bemühungen von zahlreichen Einzelpersönlichkeiten, Vereinigungen, Gruppierungen aller Art, die schnell genug in Konflikt kamen mit den Potentaten des Fortschritts, die sich immer sofort persönlich getroffen fühlten, denn nach Sieburg ist »die Lust am Schädlichen die Leidenschaft der feinen Leute«.

Als konservativ zu gelten, auf Schutz und Erhaltung zu drängen, bedeutete geradezu ein Kainszeichen und noch ein volles Jahrzehnt vor einem Europäischen Denkmalschutzjahr war die Überzeugung, daß die Vergangenheit der Reichtum der Gegenwart ist, eine romantische Schwärmerei und Beweis einer fortgeschrittenen Verkalkung.
Aber immer mehr Signale wurden gesetzt. Das Nationaltheater konnte durch eine erste Bürgerinitiative gegen die herrschende Kunstdiktatur weitgehend in der originalen Form wieder aufgebaut werden. Die Marktfrauen und Geschäftsleute protestierten mit Erfolg gegen die Zerstörung des Viktualienmarktes. Bürgermeister Dr. Steinkohl riskierte den Rechtsstreit um die Rettung des Hildebrand-Hauses, das Münchner Bauforum formierte sich, das für sich die erste große Bürgerinitiative gegen den Prinz-Karl-Palais-Tunnel in Anspruch nehmen darf. Der »Münchner Bürgerrat« wurde zum kritischen Gewissen der Öffentlichkeit. Der Begriff der Bürgerinitiativen wurde zum allgemeinen Begriff, die Stadt selbst initiierte das heutige

G IN VOLLEM GANG

gemeine Norm aufstellen, bedarf es eines Gesetzes, um die Materie konkret lösen zu können.

2. Die Verkehrsbedürfnisse. Es wäre töricht, die Notwendigkeiten unserer Zivilisationsstufe zu ignorieren. Der Straßenverkehr ist unentbehrlich für die Dynamik unseres Lebens. Aber: ich halte es für einen schwerwiegenden Irrtum unserer Zeit, aus der Notwendigkeit des Straßenverkehrs das Recht zur Zerstörung unserer Städte abzuleiten! Doch gerade dieser Irrtum feiert Triumphe — obwohl inzwischen nicht nur der einfache Bürger, sondern sogar schon manche Fachleute begriffen haben, daß der Indivi-

gravierende Umwandlung im Gange, daß im Laufe weniger Jahre der Reiz des Lehel genauso dahin sein wird, wie die Bürgerschaft, die sich durch die starke Kommerzialisierung, die wiederum die Mieten in schwindelnde Höhen treibt, zu einem Auszug gezwungen sehen wird.

Der Ensembleschutz würde auch, um noch ein Beispiel zu nennen, die Zerstörung der Maximilianstraße in München verhindert haben, denn selbstverständlich würde diese Straße wie auch die Ludwigstraße geschützt werden.

Eines bedeutet der Ensembleschutz indes-

Dies hat auch zum »Bayerischen Denkmalschutzgesetz« geführt.

Münchner Diskussionsforum für Entwicklungsfragen, kurz genannt das »Münchner Forum«. Die Presse griff immer häufiger die drohenden Fehlplanungen und Zerstörungen auf und an, ein Umdenken hatte begonnen und eine Entwicklung mit einer Schnelligkeit und Ausstrahlung eingeleitet, die die betroffenen politischen Gremien und Verwaltungen zunächst mit souveränem Besserwissen vom Tisch fegten, dann mit Abwehr und Ratlosigkeit und vor allem mit handfestem, allzuoft bewährten Justamentstandpunkt quittierten und schließlich zum zögernden, meist nicht recht freiwilligen Einlenken veranlaßte.

Es ist nicht der Ort, diese Strömungen und Entwicklungen näher zu untersuchen und aufzuzeigen, für den Verfasser war lediglich als Ergebnis festzustellen, daß innerhalb von 10 Jahren eine ganze Menge erst beabsichtigter Kapitel entfallen konnte, weil sich die Entwicklung gewendet hatte.

Um nur ein Beispiel zu erwähnen: Vor einem Dutzend Jahren war die schöne Pappelallee in der Lindwurmstraße auf der gesamten Länge abgeholzt worden zur Verbreiterung der Fahrbahnen. Nach dieser Barbarei war die ganze Trostlosigkeit dieses Straßenzuges sichtbar geworden, und eine unerhörte Verarmung im Stadtbild eingetreten. Im vergangenen Jahr ist die Allee neu gepflanzt worden, nachdem die U-Bahn fährt und der Kraftverkehr nicht mehr absoluten Vorrang hat. Gewöhnlich pflegen städtebauliche Entwicklungen größere Zeiträume in Anspruch zu nehmen, an diesem Beispiel – wie andernorts – wurde deutlich, wie kurzlebig solche Maßnahmen sein können.

Nun müßte ein dickes Buch geschrieben werden über geglückte Rettungsmaßnahmen, erfolgreiche Wiederaufbauten, die gerade in diesem Zeitraum von 10 Jahren in Fülle zu registrieren sind und das Zustandekommen in jedem einzelnen Falle ist oft genug ein buntes Kapitel Münchner Stadtgeschichte. Man kann zum Vorwurf machen, daß im vorliegenden Buch hiervon nichts gezeigt wird, aber es ist eben gerade die Absicht, eindringlich und ausschließlich auf die Zerstörungen und Verluste in ihrer Fülle hinzuweisen, da andernfalls zu leicht der so

In Schwabing geht ein Jugendstilhaus unter.

bequeme einerseits – andererseits – Standpunkt gefunden werden könnte: Einerseits ist tief zu bedauern, daß der und jener Verlust eingetreten ist, aber andererseits muß doch bedacht werden, daß der und jener Gewinn erzielt wurde, und schon ist jedermann getröstet und ist zufrieden mit dem angeblich unabwendbaren Lauf der Dinge.

Die Auswahl der Zerstörungsliste mußte notwendig im Wesentlichen beschränkt werden auf die Innenstadt mit ihren Randgebieten. Es würde den Umfang sprengen, wollte man auch noch die zweite Zerstörung in die für die Entwicklung des Stadtgebietes so wesentlichen alten Dorfkerne ausdehnen, die so wichtig für die gesamte Atmosphäre der Großstadt sind und die in der Nachkriegszeit ungeheuren Schaden genommen haben. Doch konnte im Buch auf dieses Kapitel verzichtet werden, nachdem nun ernsthafte Bestrebungen allenthalben im Gange sind, die restlichen Ortskerne zu retten, zu regenerieren, für die Stadt zurückzugewinnen.

Aber eineinhalb Jahre nach der ersten Auflage dieses Buches muß dieser Satz mit Besorgnis weitgehend revidiert werden!

Der Ausblick

Im letzten Jahrzehnt hat eine »Tendenzwende« eingesetzt, die durch die Olympischen Spiele in der Halbzeit lediglich ein retardierendes Moment erfahren hat und die ohne Zweifel auch Gefahr laufen kann, in ein anderes Extrem einzumünden: Die sogenannte Nostalgiewelle birgt sehr wohl die Gefahr in sich, daß eine gesunde Entwicklung ausartet in Äußerlichkeiten und Sinn und ursprüngliche Kraft verloren gehen im gleichen Maße wie Äußerlichkeiten und verzerrende Auswüchse zunehmen können. Wer hätte es vor zehn Jahren denken können, daß man jetzt schon Sorge haben muß vor solchen Möglichkeiten! Unser Jahrhundert leidet unter dem Verlust des rechten Maßes, unter dem »Verlust der Mitte«, wie Hans Sedlmayr dieses Phänomen bezeichnet hat. Es muß einem späteren Betrachter vorbehalten bleiben zu beurteilen, ob es eine kulturelle Erscheinung von historischer Größe ist, daß 30 Jahre nach dem Zweiten Weltkrieg überall in der Welt der Denkmalschutzgedanke zu einem beherrschenden Faktor im Kulturleben der Völker geworden ist, und es bleibt abzuwarten, ob etwa das letzte Viertel unseres Jahrhunderts in der Rückbesinnung auf die Kulturwerte der Vergangenheit neue Impulse empfangen und geben kann.

Das Aufzeigen der verlorenen Werte unserer Stadt ist darum kein sentimentales Trauern, keine Verkennung der Forderungen des Tages und der Zukunft, sondern eine Anregung zum Nachdenken darüber, ob wir uns noch weiter solche Verluste leisten können und ob wir nicht Gewinn ziehen sollen aus dem Reichtum unseres Erbes für ein neues Blühen in der Zukunft, so wie der Baum nur blühen kann, der seine Kraft durch seine Wurzeln aus der Heimaterde zieht.

Bedrückende Bilder aus einer anonymen Stadtmaschine wären auch in München in Hülle und Fülle zu finden. Sie sind im Kaleidoskop des Stadtbilds keine Schmucksteine, weder in irgendeinem der Neubaugebiete wie etwa in Neuperlach oder im Stadtzentrum.

Peitschenleuchten, Fahrbahnteiler, Schilderwald und Städtebaumobilar – im Großen wie im Kleinen hat Verunstaltung die Stadt überschwemmt. Eine Beispielsammlung wie in dem seinerzeit alarmierenden Buch über »die gemordete Stadt« von Siedler und Niggemeyer aus dem Jahre 1964 wäre auch in München wie in jeder Stadt der Welt heute zu finden. Sie soll nicht Gegenstand dieses Buches sein, das sich mit den Zerstörungen im historischen Stadtbild im speziellen befaßt.

Die Summe der Verluste der zweiten Zerstörung Münchens, die in diesem Buch nur im Ausschnitt gezeigt werden kann, zwingt immer wieder zur Frage, was wohl die Ursachen für dieses Phänomen gewesen sein können.

Um es deutlich auszusprechen: Das Hauptmotiv war Ignoranz. Unwissenheit, Unverständnis, Verbildung durch Schlagworte und modische Parolen gehören ebenso dazu wie zweckoptimistisches Ge-

Hans Diersch
Feine
Maßschneiderei
. STOCK

Fernsehen und Hörfunk Nr. 228 Süddeutsche Zeitung

ARD 20.15

„Daß Eingang und Anfang des Englischen Gartens nichts von seiner Zierde verliere", war eine der Bedingungen des bayerischen Königs Max I., als er den Nachkommen des verstorbenen Erziehers und Exministers der Herzöge von Pfalz-Zweibrücken, Peter Salabert, den Verkauf des Salabert-Schlößchens, heute Prinz-Carl-Palais, gestattete. Schließlich überredete Hofgarten-Intendant Ludwig von Sckell 1807 die Majestät höchstpersönlich zum Kauf des vom erst 24jährigen Architekten Carl von Fischer erbauten Hauses; fortan hieß es Palais Royal, bis es 1825 von König Ludwig I. an dessen Bruder, den Prinzen Carl, „samt dessen ebenbürtiger männlicher Descendenz" zur Nutznießung übertragen wurde.

Die ehemalige „Zierde am Eingang und Anfang des Englischen Gartens" thront heute trotz vieler Proteste als verlorenes I-Tüpfelchen über dem aufgerissenen Maul einer jener Autoröhren, die zu den Errungenschaften des „modernen München" zählen und die, wie viele andere „Sünden" moderner Bau- und Verkehrsplanung, immer mehr Freunde, Liebhaber und Fachleute gegen den „Gesichtsverlust" ihrer Stadt auf die Barrikaden bringen.

Aus aktuellem Anlaß, der Annast-Affäre, die Deutschlands heimlicher Hauptstadt eines ihrer traditionsreichsten Kaffeehäuser zu nehmen droht, hat das Deutsche Fernsehen für heute einen Film von *Georg Friedel* angesetzt.

Verliert München sein Gesicht?

Ein Münchner macht Inventur

Restbestände an Wirtlichkeit erhalten: Blick vom Münchner Maximilianeum auf die Innenstadt.

Immer wieder wird die Öffentlichkeit aufgerüttelt.

rede vom »endlich-Luft-schaffen«, die »Chance-nutzen« und »endlich-modern-sein« nach der diktierten Baukunst des untergegangenen Dritten Reiches. Das Verhängnis hierfür war jedoch im wesentlichen, daß der Neubaubeginn, dieser Aufbruch in die Moderne gesucht wurde weitgehend von Kräften, die ihre Ausbildung und ihr Denken im Dritten Reich bezogen hatten und für ihr Tun mehr getrieben waren vom Bedürfnis, sich nachträglich wegzuschwören von einer zweckmäßigerweise 12 Jahre lang gezeigten Gesinnung, als von dem inneren Impuls, aus Überzeugung neue Wege zu suchen.

So konnten die ebenso billigen wie zählebigen Tiraden entstehen, die gewissermaßen als Ersatzphilosophie für den Wiederaufbau stehen konnten, wie da waren und sind:

Jede Zeit hat ihren Ausdruck gefunden
Gutes Neues verträgt sich immer mit gutem Alten

Es kommt allein auf Qualität an

und etwas hilfloser

Wir wollen endlich modern sein

und noch schlimmer

Wir müssen endlich modern sein

dazu so eingängige Parolen wie

Dem Verkehr Luft schaffen

und eine kräftige Erinnerung an die Parole von Josef Goebbels

Wir werden unsere Städte nach dem Krieg schöner aufbauen als sie waren.

Gegen die Schlagworte der Zeit wird immer heftiger protestiert wie hier in der Maxvorstadt.

Zu vielen Kapiteln, die näher zu behandeln wären, gehören unter anderem die verlorenen Bierkeller, diese Oasen Münchner Gastlichkeit und Gemütlichkeit, so z. B. der „Münchner Kindlkeller" am Rosenheimer Berg, der diesem Neubau weichen mußte. Zu zeigen wäre aber auch der verlorene Arzberger-Keller, wo heute das Justizgebäude an der Nymphenburger Straße steht, der Franziskanerkeller an der Hochstraße und mancher kleinere, dessen schattiger Kastaniengarten überbaut wurde.

Wie alle großen, insbesondere fürstlichen Straßen ist auch die Auffahrtsallee zum Schloß Fürstenried auf die Frauentürme orientiert. Sie war eine wahrhaft fürstliche Schöpfung mit einem breiten kilometerlangen Wiesenanger, der zu beiden Seiten noch heute von Doppelalleen begleitet ist.
Im Dritten Reich wurde die gloriose Idee entwickelt, diesen „ungenutzten" Anger für eine Straße zu verwenden. Nach dem Kriege wurde alles mögliche entnazifiziert, aber diese Straßenbauabsicht nicht. Das Ergebnis haben wir vor uns. Eine wahrhaft monumentale Autobahn führt mittig auf das Schloß zu, nachdem sie aber doch nicht durch das Schloß durchgeführt werden oder wie beim Prinz-Carl-Palais davor in einem Tunnel verschwinden konnte, schwenkt sie kurz vorher, garniert mit Leitplanken, nach links aus, um durch eine erbärmliche Lücke in der Allee die ausbrechende Richtung zu gewinnen.

Jahrzehntelang war das Eintreten für die Erhaltung oder gar den Wiederaufbau historischer Gebäude gleichgesetzt mit »konservativ« und damit rückschrittlich, hemmend für den Fortschritt, und es konnte die geradezu kuriose Verdrehung der Wahrheit eintreten, daß die Kräfte für die Erhaltung wertvoller Kultursubstanz beschimpft wurden als Reaktionäre und unverbesserliche Nazis, während gerade die selbsternannten Fortschrittlichen den Ungeist der verflossenen 12 Jahre fortsetzten, wenn auch mit anderer äußerlicher Kaschierung. Die rigorosen Abbrüche, die Hitler sich in der Stadt leistete, wurden nach ihm um ein Vielfaches übertroffen. Die Brutalität des Neuen hatte lediglich ein modisch-modernes Gesicht bekommen, im Gegensatz zum neoklassizistisch-diktatorischen.

Die immer wieder beschworene Qualität, die allein Maßstab für gut oder schlecht, richtig oder falsch sein könne, ist gerade deswegen bei Ersatzbauten für verlorenes Altes nicht erzielt worden, weil von ihr so viel geredet wurde und wird und weil verwechselt werden konnte, daß sie nicht Ergebnis, sondern Voraussetzung ist für jede Bemühung, Gleichwertiges oder Besseres zu schaffen, und weil sie sich nicht herbeireden läßt. Vor allem kann Qualität nicht Absicht und Erfolgszwang sein und erst recht nicht Entschuldigung und Alibi.

Ähnlich ist es mit der immer wieder nicht bewiesenen Behauptung, daß gutes Neues sich immer mit gutem Alten vertragen hätte und vertragen würde. Das Prädikat »Gut« ist hier nur eine Voraussetzung.

Um gut zu sein, muß ein neues Bauwerk neben gutem Alten erst noch den rechten Maßstab haben, Einbindung und Harmonie mit der Nachbarschaft gewinnen. Auch der beste Fremdkörper in einem Ensemble anderer Prägung bleibt ein Fremdkörper und wir haben derer zu viele hinzubekommen!

Daß jede Zeit ihren Ausdruck gefunden hat, ist zunächst eine Feststellung. Wenn sie zur Entschuldigung ausartet oder beigezogen werden muß, ist das kein glückliches Kriterium mehr. Merkwürdig ist, daß seit 30 Jahren nach dem Krieg immer noch und immer wieder »endlich der Ausdruck unserer Zeit« gefordert und gesucht wird und daß offenbar noch nicht einmal der Ablauf einer Generationenfrist ausgereicht hat, diesen überzeugend zu finden, obwohl er unübersehbar an allen Ecken und Enden, allen Straßen und Plätzen der Stadt sichtbar ist.

Als Fazit nach Ablauf der Generationenfrist könnte festgestellt werden, daß Absicht und Wollen allein ein gewünschtes Ergebnis nicht bringen und zwingen und daß gerade darum die Verluste aus der zweiten Zerstörung Münchens so schwer wiegen, weil es weithin nicht gelungen ist, Gleichwertiges oder Besseres neu entstehen zu lassen. Die Rückbesinnung auf das Verlorene ist darum nicht nostalgische Wehmut oder ein Nicht-wahrhaben-wollen, daß sich die Welt weiterentwickelt, sondern sie soll neuen Anstoß geben, sich mit dem Geheimnis der wahren Qualitäten gebauter Umwelt zu beschäftigen, Verständnis und Einsicht zu gewinnen, daß die uns noch verbliebene wertvolle alte Substanz nicht nur unverzichtbar ist, sondern daß aus ihr neue Kenntnisse und neue Kraft gewonnen werden können, um sich im stetig Wandelnden genügend festen Boden zu bewahren.

Wir haben es erlebt, daß der Strom der Zeit zum Strudel der Zeit werden kann. Der sogenannte Jensen-Plan konnte so ein Strudel werden und es war schon genug, was im wörtlichen Sinne in ihm weggerissen worden ist. Daß gerade noch einmal Einhalt geboten werden konnte, sollte alarmieren. Nostalgische Äußerlichkeiten und Reminiszenzen werden nicht helfen. Aber ehrliche Beschäftigung und gewissenhafte Auseinandersetzung mit der verlorenen Schönheit unserer Stadt kann Einsichten bringen, die wertvoll werden können für die Zukunft.

Bildquellen

Bauen in München 1950–60 (herausgegeben vom Referat der Landeshauptstadt München, München 1970, S. 143): S. 176
Foto Klemens Bergmann: S. 11 u., 18, 19, 46 o., 54 u., 73 M., 80
Bildarchiv Foto Marburg: S. 36 re. (Archiv Nr. 202106), 44 u. re. (Nr. 202614), 166 li. (Nr. 120084), 168 (Nr. 120051)
Alexander von Branca: S. 107 o.
F. Bruckmann Verlag KG, München: S. 146 o. li.
Eva Dietrich: Umschlag Vorderseite, 20 u., 21 M., 22 u., 24 u., 25, 27 u., 32, 33 u., 39 u. li., 41 u., 51, 56 re., 59 u., 60 u., 63, 67 u., 69 u., 70 re., 72 u., 73 u., 79 u., 84 u., 85, 86 u., 91, 93 u., 94/95, 97 u., 98 o. re., 99 u., 102 u., 105 o., 105 u., 109 o. re., 109 u. re., 115, 116, 117 u., 119 M., 120 u., 121 o., 121 u., 123 u., 124 o., 124 u., 125, 127, 128 u. re., 130 u., 132 M., 133 u., 134 u., 136 u., 137 u., 138 u., 140 u. li., 146 u., 147 u., 155, 156, 157 o., 157 u., 163, 164, 165, 169 o., 169 u., 170 re., 171 u., 174
Foto Rudolf Dix: S. 2, 82 u., 162 o. re., 186 o., 186 u.
Foto Eder, München: S. 126
Foto Hans Enzwieser: S. 143 o. re., 143 u.
Festschrift, herausgegeben von der Bayerischen Verwaltung der staatlichen Schlösser, Gärten und Seen, München 1953: S. 37
Angelika Hackl: S. 120 o.
Professor Dr. Oswald Hederer: S. 6
Foto Dieter Hinrichs: S. 145 o.
Josef Hödl: S. 145 u. re., 145 u. li., 183 o., 183 u., 185
Professor Dr. Otto Kraus: S. 82 u., 90 u.
Kraus Verlag München: S. 62 (Druck)
Die Kunst (Band 2, 1900, Abb. S. 298): S. 15 o.
Die Kunst dem Volke (Nr. 83, 1935, Abb. 50): S. 70 li.
Landesamt für Denkmalpflege, München: S. 173 u. li., 173 u. re.
Foto Lengauer, München: S. 81 u., 159 o.
Foto Barbara Mansfeld: S. 28 o., 28 u. li., 29
Werner Mittelmeier: Die Neue Pinakothek in München (München 1977, Abb. 36): S. 71 u.
Foto Siegfried von Quast: S. 45 u.
Hans Reidelbach: König Ludwig I. von Bayern und seine Kunstschöpfungen (München 1888, Taf. 19): S. 53 u.
Sammlung Erwin Schleich: S. 16 o. und u., 21 u., 30 u., 31 u., 34/35, 38 o., 38 u., 39 o., 39 u. re., 40 o., 40 u., 45 o. li., 45 o. re., 46 u., 47 o., 47 u., 49, 50, 54 o., 58 M., 58 u., 67 o., 76, 81 o., 84 o. li., 86 o., 89 o., 90 o., 101 o., 101 u., 108, 109 u. re., 111 li., 111 re., 118 u., 119 u., 122 u., 123 o., 129 o., 129 u., 134, 135 u., 136 o. li., 136 o. re., 137 o. re., 140 u. re., 141 u., 142 u., 146 o. re., 147 o., 151 o., 160, 162 u., 171 M., 172, 177, 187
Verlag Schnell & Steiner, München („100 Bauwerke in München", 1958): S. 8
Kurt Seeberger / Gerhard Rauchwetter: München 1945 bis heute (München 1970, S. 43, Foto: Josef Krempl): S. 21
Foto Silchmüller, München: S. 56 li., 69 o., 162 o. li.
Stadtarchiv München: Umschlag Rückseite, S. 10 o., 10 u., 11 o., 12, 13 o. li., 13 o. re., 13 u., 14, 15 u., 17, 20 o., 22 o., 24 o., 26, 27 o., 28 u. re., 30 o., 30 m., 31 o. li., 31 o. re., 33 o., 41 o., 47 M., 48 u., 53 o., 55, 58 o. li., 58 o. re., 59 o., 60 o., 60 M., 61 o., 61 u., 64 u. li., 64 u. re., 66 o., 66 u., 69 M., 72 o., 73 o., 77 o., 77 u., 82 o. re und li., 84 o. re., 88 o., 88 u., 89 u., 92, 93 o., 94 li., 95 o., 95 u., 96, 97 o. li., 97 o. re., 98 o. re., 98 o. li., 98 u., 99 o., 100, 102 o., 103 o., 103 u., 109 o. li., 109 u. li., 110 o., 110 u., 112 o., 112 u., 114, 117 o., 118 o., 119 o., 122 o., 128 u. li., 130 o., 131 o., 131 u., 132 o., 132 u., 133 o., 135 o., 137 o. li., 138 o., 139 o., 139 u., 140 o., 141 o., 141 M., 142 o., 142 M., 143 o. li., 144, 148 o., 148 u., 149, 151 u., 154 o., 154 u., 161, 166 re., 167 re. und li., 170 li., 171 o., 173 o.
Wolfgang Süss: Die Geschichte des Münchner Hauptbahnhofs (Essen 1954, Abb. 23 und 108): S. 158, 169 u.
TU München, Institut für Bauforschung: S. 74 (Nachlaß Professor Dr. Fr. Krauss); Architektursammlung: S. 64 o.
Verlag Fritz Witzig, München: S. 71 o.
Zentralinstitut für Kunstgeschichte, Photothek, München: S. 23, 36 o. li.

Register

Ärztehaus 59
Allerheiligen-Hofkirche 40, 44, 45, 166
Alte Akademie 7, 78, 79
Alte Polizei 52, 91
Alter Hof 52, 102, 103
Altheimer Eck 129, 130, 131, 136
Altstadtring 25, 26, 106, 108, 117, 118, 121, 144, 178
Altstadtring Nord-Ost 7, 104, 106, 113, 118
Altstadtring Süd-Ost 106, 178
Amerika-Haus 63
Angerkloster 52
St. Anna-Damenstiftsgebäude 52, 128
Arme Schulschwestern 171
Armeemuseum 7, 49, 50, 51, 161
Asamkirche 132
Atlantikpalast-Kino 118
Augustinerkirche 75
Augustinerkloster 75, 76

Bastions-Schlößl 139
Bauerngirgl 138
Berger, Michael A. 170
Bestelmeyer, German 72
Bieber, Oswald 21
Blumenstraße 104
Böhlerhaus 59
Bogenhausen 152, 174, 178
Bogenhauser Brücke 174, 175
St. Bonifaz, Basilika 66, 67, 68, 74, 166
–, Kloster 68
Boos, Roman Anton 47
Branca, Alexander Freiherr von 107
Briennerstraße 52, 56, 58, 62, 74, 104
Briennerstraße Palais 9 58
–, Palais 10 58
–, Haus 11 59
–, Haus 12 59
–, Haus 13 59, 60
–, Haus 14 59, 61
Brunnenhaus (Englischer Garten) 148
Bürklein, Friedrich 158, 159

Cuvilliés, François 98

Deutsches Museum 174
Deutsches Patentamt 146

Dienerstraße Haus 21 98
Dietrich, Wendel 80
Döllgast, Hans 68
Dom siehe Frauenkirche

„Ehrentempel" 11
Elvira, Hofatelier 14
Endell, August 14
Englische Fräulein 52, 91
Englischer Garten 48, 104, 113, 148, 184
Erzbischöfliches Ordinariat 86, 89
„Eskaladierwand" 37
Esterer, Rudolf 37

Feldherrnhalle 104
Feuerwache 135
Fick, Roderich 59
Fischer, Johann Michael 98
Fischer, Karl von 11, 52, 62, 91, 113, 171
Fischer, Theodor 75, 86
Franziskanerkloster 52
Frauenkirche (Dom) 51, 166–169
Fürstenriederstraße 187

Gablonsky, F. 21
Gärtner, Friedrich von 26, 28, 40, 52
Gärtnerplatz-Viertel 104
Geschwister-Scholl-Platz 26
Glyptothek 68, 70, 74
Grasser, Erasmus 167
Gries 149
Gunetzrhainer, Ignaz 94, 96

Hackenviertel 52, 128
Haidhauser Kirche – St. Johannes 170
Hauptbahnhof 158, 160, 163
Hauptpost 94
„Haus des Deutschen Rechts" 21, 26
Heiliggeistkirche 12
Heizkraftwerk 165
d'Herigoyen, Joseph Emanuel 118
Hertie-Hochhaus 32, 158
Herzog-Max-Palais 21, 22, 25
Herzog-Rudolf-Straße 111
Herzog-Spital 52, 128
Heß, Peter 40
Hildebrand, Adolf von 49
Hildebrand-Haus 180
Hildegardstraße 110
–, Haus 18 110, 111
Hitler, Adolf 21
Högg, Hans 115, 116
Hofgarten 47, 113, 124, 137
Hofgarten-Kaserne 146

Hofgartentor 104
Hollandeum 75, 82, 86
Hotel Deutscher Kaiser 161–163
Hotel Schottenhamel 143

Isarparallele Ost 107, 178
Isarparallele West 7, 107, 174
Isartor 104, 118

St. Jakob am Anger 171, 172
Jakobsplatz 135
Jensen-Plan 7, 106, 188
Jesuitenkolleg 52, 75, 76, 80
Joseph-Spital 52, 128
Justizgebäude 162, 163

Kabelsteg 156, 157
Kanalstraße 139
Kapellenstraße 78
Karl-Theodor, Kurfürst 47, 135
Karlsplatz – Stachus 104, 122 f., 178
Karlstheater 118
Karlstor 7
Karlstraße Haus 44 14
Karmeliterkirche 75, 89
Karmeliterkloster 52, 75, 86, 89
Karolinenplatz 11, 52, 62, 64, 74
Kaspar, Hermann 138
Klenze, Leo von 10, 22, 32, 35, 37, 40, 52, 58, 68, 70, 94, 141, 143
Königsplatz 7, 10, 14, 52, 68, 74
Krauss, Friedrich 68
Kreuzkirche 128
Kreuzstraße Haus 32 128
Kreuzviertel 52, 92
Kunstausstellungsgebäude (Neue Staatsgalerie) 68, 70
Kunstvereinsgebäude 47, 48

Landeszentralbank 22
Landwirtschaftsministerium 82
Lehel 104
Leitensdorfer, Hermann 6
Lenbachplatz 104, 124
Leningrad 8, 177
Leopoldstraße 142, 178
Leuchtenberg-Palais 52, 141
Lotzbeck, Freiherr von 63
Ludwig I., König 10, 12, 21, 22, 26, 32, 37, 40, 52, 56, 64, 70, 74, 94, 113, 165
Ludwigsbrücke 146
Ludwigsgymnasium 75, 86
Ludwigshöhe 178
Ludwigskirche 21, 40, 158, 165, 179
Ludwigstraße 7, 21 ff., 104, 113, 142, 158, 165

Ludwigstraße Haus 2 (Finanzministerium) 31
–, Haus 3 31
–, Haus 6 25, 35
–, Haus 7 25
–, Haus 8 35
–, Haus 10 35
–, Haus 12 32, 59
–, Haus 13 32, 59, 60
–, Haus 14 59, 61
Ludwigsvorstadt 165
Luitpold, Prinzregent 47, 49
Lukaskirche 157
Luther, Edgar 113, 115

Maffei-Palais 92
Mariannenbrücke 157
Maria-Theresia-Straße 152
Marienplatz 126, 127
Markuskirche 25
Marstallgebäude 46, 117
Marstallplatz 40
Marstallstraße 117
Matthäuskirche 12, 122
Max I. Joseph, König 62, 113, 184
Max II., König 52, 144, 174
Maximilian I., Kurfürst 47, 86
Maximilianeum 144, 170, 174, 184
Maximiliansplatz 104
Maximilianstraße 18, 108, 111, 116
–, Forum 7, 104, 106, 107, 108, 113
Max-Joseph-Platz 104, 108, 124
Max-Joseph-Stift 21, 26
Max-Joseph-Straße 62
Maxburg 18, 52, 75, 76, 78–84, 86
Maxvorstadt 178, 179
Meitinger, Karl 86, 104
Métivier, Jean-Baptiste 63, 113
Michaelskirche 75, 76, 84
Miehlich-Haus 96, 97
Milchhäusl (im Englischen Garten) 148
Monopteros (Englischer Garten) 165
Münchner Kindlkeller 186
Münzgebäude 102, 108

Nationalmuseum, Bayerisches 165
Nationaltheater 108, 180
Neureuther, Gottfried 72
„Neuveste" 52, 80

Oberanger Haus 49 135
Odeonsplatz 21, 61, 124

Palais Asbeck 63
Palais Piosasque de Non 98

Pertsch, Johann Nepomuk 12
„Peterhof" 126
Peterskirche 7
„Pfefferle-Haus" 144
Pfistermühle 136, 137
„Pfründnerhaus" 144
Pinakothek, Alte 7, 68, 69, 70, 72, 74, 147
–, Neue 68, 70, 74
Polen 91, 100
Polizeigebäude 75, 76, 86
Preysing-Palais 35
Prielmayerstraße 162, 163
Prinz-Karl-Palais 52, 113, 115, 116, 184
Prinz-Karl-Palais-Tunnel 7, 113, 180
Prinz-Leopold-Palais 142
Professor-Huber-Platz 26
Promenadeplatz 92

Reichenbachbrücke 156
Reichsbank 22, 26
Residenz 36–40, 47, 52, 75, 92, 94, 117
Residenzstraße 95, 138
–, Haus 21 95
Residenztheater 40, 45
Richard-Strauß-Haus 129
Ringseis, J. N. 40
Roman-Mayer-Haus 126
Rottmann, Karl 47
Ruhmeshalle 164

Abbé Salabert, Peter 113, 184
Salvatorstraße 100
Seidl, Gabriel von 16, 59, 138
Seifert, Alwin 126
Sendlinger Straße 132
–, Haus 78 133
–, Haus 80 133
Sendlinger Tor 104
Sendlinger Torplatz 104, 121, 122
Servitinnenkloster 52
Siegestor 21, 158, 178
Sonnenstraße 104, 122
Sparkassenstraße 136, 137
Synagoge 16

Schinkel, Friedrich von 56, 144
„Schlichtinger Bogen" 136
Schmidt, Albert 16
Schönberg, Joseph Anton von 98
Schönfeldstraße Haus 32 141
„Schönheitsgalerie" 36, 37
Schwanthaler, Ludwig 36
Schwere-Reiter-Kaserne 146
Schwind, Moritz von 166, 167

Staatsbibliothek, Bayerische 21
Stadtmuseum 135
Stachus siehe Karlsplatz
Stiglmaierplatz 124

Technische Hochschule 68, 70, 72, 74
Theatinerkirche 158, 161, 170
Theatinerkloster 52
Theatinerstraße Haus 10 (Miehlich-Haus) 96, 97
–, Haus 16 98
Theresienstraße 1 (Theresien-Apotheke) 140
Theresienhöhe 164
Törring-Jettenbach, Graf 96
Törring-Palais (heute Staatl. Lotterieverwaltung) 64, 94
Troost, Paul Ludwig 11
Türken-Kaserne 74, 146, 147

Universität 21, 28, 142, 178, 179
Universitätsbauamt 28
Universitätsbibliothek 28
Universitätsbrunnen 148
Universitätsforum 26

Verkehrsministerium 161, 162
Viktualienmarkt 104, 180
Völkerkundemuseum 108
Voit, August 70
Vorhoelzer, Robert 72

Wackerle, Josef 22
Warschau 3, 91, 100, 101
Wasserturm 47, 137
Wiener Ring 26, 51, 104, 113, 115, 117
Wilhelm IV, Herzog 52
Wilhelm V., Herzog 75, 76, 80, 84
Wilhelminum 52, 75–77
Winthierstraße 151
Wittelsbacher Brunnen 124
Wittelsbacher Palais 36, 52, 53, 56, 74
Wittelsbacher Platz 52, 53

Zenns, Alfred 68
Zentralministerium (heute Landwirtschaftsministerium) 21, 26
Zerwirkgewölbe 136
Ziebland, Georg Friedrich 68
Zimmermann, Johann Baptist 171
Zuccali, Enrico 91

Inhalt

Vorwort von Oberbürgermeister Erich Kiesl	5
Einführung	7
Der Auftakt im Dritten Reich	10
Die erste Zerstörung im Zweiten Weltkrieg	18
Von der ersten zur zweiten Zerstörung	21
Die zweite Zerstörung	25
Im Bereich der Residenz	36
Die Zerstörung der Paläste außerhalb der Altstadt	52
Die Zerstörung der Paläste innerhalb der Altstadt	75
Zerstörung durch Stadtplanung oder der Altstadtring Nord-Ost	104
Kein großer Platz in München blieb ungeschoren	121
Die großen Spitäler im Hackenviertel	128
Tragödien spezieller Art – einzelne Häuser	129
Die Zerstörung schreitet fort ...	142
Zerstörungen „en détail"	155
Zerstörungen im Stadtbild	158
Die zweite Zerstörung auch in Münchner Kirchen ...	166
Wasser und Landschaft in München	174
Statt weiterer Beispiele: ein Rückblick und ein Ausblick	178
Bildquellen	189
Register	190

Dank

Dieses Buch wäre nicht möglich geworden, wenn nicht schon seit vielen Jahren ein breitgestreutes Interesse am Thema bestehen würde. Aufrichtigen Dank hat der Verfasser allen zu sagen, die zum Gelingen des Werkes beigetragen haben:

Herrn Oberbürgermeister Kiesl für das Vorwort

dem Stadtarchiv München und seinem Leiter, Herrn Stadtarchivdirektor Dr. Schattenhofer, der das Buch als Band 100 in die Schriftenreihe des Stadtarchivs aufgenommen hat

Frau Eva Dietrich, die alle neuen Fotos aufgenommen hat

Frau Dr. Birgit-Verena Karnapp, die das Buch beraten, korrigiert und viel Detailarbeit geleistet hat

Herrn Professor Dr. Oswald Hederer, der wertvollen Rat und Unterlagen gegeben hat

dem städtischen Vermessungsamt München, das den beigefügten Stadtplan überlassen hat

Herr Florian Dering, der die im Buch enthaltenen Pläne sowie die Eintragungen zum Stadtplan gezeichnet und bei der Beschaffung der Bilder wertvolle Hilfe geleistet hat.

Freiherrn Alexander von Branca für die Überlassung seiner Zeichnungen

Herrn Dr. Dieter Mertens für Materialsammlung und Vorarbeiten

den Mitgliedern des Münchner Bauforums Herrn Karl Assmann, Herrn Helmuth Borcherdt, Herrn Richard Dietrich, Herrn Theodor Henzler, Herrn Karl Klühspies, Herrn Helmut Schöner und Herrn Jan Kim Wallenborn für wertvolle Hilfe.

Frau Kriemhilde Ettenhuber für unermüdliche Hilfe

für die Überlassung von Bildern: Herrn Klemens Bergmann † und seinem Herrn Bruder, Bildarchiv Foto Marburg, F. Bruckmann Verlag KG München, Herrn Otto Dix, Herrn Hans Enzwieser, Frau Angelika Hackl, Herrn Dieter Hinrichs, Herrn Josef Hödl, Institut für Bauforschung der TU München, Herrn Professor Dr. Otto Kraus, Landesamt für Denkmalpflege München, Foto Lengauer München, Frau Barbara Mansfeld, Herrn Siegfried von Quast, Herrn Fritz Schmitt, Verlag Schnell & Steiner, Foto Silchmüller München, Herrn Dr. Hermann Vogel, Verlag Fritz Witzig München, Zentralinstitut für Kunstgeschichte, Photothek, München

dem J. F. Steinkopf Verlag Stuttgart, Herrn Ulrich Weitbrecht, für das mutige Unterfangen, dieses Münchner Buch zu verlegen

Herrn Ludwig Hollweck, Direktor der Monacensia-Sammlung der Stadt München

und vielen Ungenannten, die das Entstehen dieses Buches durch wertvollen Beitrag gefördert haben.